東大生！大考贏家的魔法開關

岡田真波

三悅文化

前言

本書將打開你的「熱情開關」

東京大學文學部 岡田真波

「不知道該怎麼讓自己充滿熱情。」

「雖然有心想要開始，可是一直沒辦法集中精神。」

「失敗時會很沮喪。」

相信拿起這本書的人，一定有這樣的煩惱吧!?本書是我針對目前就讀東大的學生，徹底進行問卷調查，然後將大家激發熱情的巧思彙整成冊。

東大生＝大考戰爭的贏家

這是大家的印象，基於想要理解他們如何克服前述煩惱的理由，出版社請我撰寫這本書。

我自己也是東大生，在進入東大之前，我一直認為「東大生應該是克己又不知挫折為何物的超人」。等我入學之後，才發現這根本就是我的幻想（笑）。

東大生也會為了一些無法解決的事情而煩惱，為了一些傻事犯錯，一下子就失去熱情。我自己也曾經跌入絕望的谷底，什麼都不想做了，而且還不只一、兩次。當出版社跟我談這本書的事情時，坦白說，我也曾經懷疑過「就算對象是東大生，真的有辦法做出這種書嗎？」

當我實際進行採訪之後，我發現東大生真的不一樣。像是沮喪時重新振作的方法、修正軌道的方式、增強熱情的方法……大部分的東大生不會推卸責任，而是認為問題出在自己身上，積極尋求解決方案。

編寫本書時，我花了一年多的時間持續採訪一百位東大生，我發現一百個東大生就有一百種「熱情開關」。他們的熱情開關通常沒什麼特別，而是在日常生活中可以簡單做到的小動作。本書嚴選並介紹幾個將小動作化為「熱情開關」的秘技。

拿起本書的時候，你的熱情開關應該處於停擺狀態吧？在閱讀的過程中，你應該會發現自己的開關在不知不覺中打開了。

目次

注意：應受訪者的要求，文中東大生的姓名均為化名。

第1章

改變習慣

自願擔任要負責任的職務

工學部三年級 高昌博

■高中⇩東京都公立高中
■錄取⇩應屆
■志願⇩工程師

當領導者將會更積極

越是麻煩、越是不想做的工作，我更會自告奮勇，積極參選領導者等等要負責任的職務。

像是班長或是打工地點的組長，「好像要處理很多麻煩的雜務，萬一出事好像還要負責」，沒什麼人想當吧!?可是故意成為領導人之後，自然就能愉快的面對工作了。

東大有一個名詞叫做「試對」。就是「考試對策」的簡稱。這是東大流傳已久的習慣，是為了促進定期測驗的準備效率。全班同學分擔各種作業、負責上課、抄筆記或是領講義。全班齊心協力，增進考試的準備效率。

我志願成為分配試對的領導者，也就是「試對長」。試對長要掌握班上的誰修哪一門課，也要指派同學負責哪一門課。要蒐集並管理筆記與講義，跟全班分享，當負責上課的同學請假時，試對長則要代為出席，跟上進度。

班上的同學經常對我說：「謝謝你接下試對長這個麻煩的工作。不好意思哦。」我才想說：「謝謝大家讓我當試對長！」呢。

自願擔任試對長這個要負責任的職務，讓我對那些讓人憂鬱得不得了的考試湧起熱情，可以積極的努力。

思考怎麼做大家才會高興

我想找遍全日本，應該也找不到喜歡為了考試唸書的人吧。我當然也很討厭。可是比起高中時為了大考拚命唸書，在東大當了試對長之後，要負責考試策略，唸起來比較開心。兩者的差別在於「為了誰而唸書？」。

高中時的唸書只是為了自己的成績。當了試對長之後，「為了讓班上同學考到更好的成績，應該採取哪種考試對策呢？」我會用新的態度來唸書。

前幾天，我正好在整理西班牙文的筆記，結果找到一個不懂的單字。如果是為了自己唸書，大概會隨便帶過，「雖然不懂這個字的意思，考試應該不會出吧？」

正因為我自願擔任試對長一職，所以我才會想：「萬一考試出了這個單字就糟了，一定要查清楚，跟大家分享。」

很不可思議吧？那些自己覺得沒興趣，不想花力氣的麻煩事，當領導者的時候，卻會積極面對。這不只是為了同伴，到頭來還是為了自己。

負責會議記錄，在講座也能派上用場

現在大家知道成為領導者才能愉快又積極的工作與唸書。也許大家會想——沒什麼機會可以當領導者吧？只要大家換個觀點，「領導者」與「要負責任的工作」其實比比皆是。

舉例來說，我在課堂的研究小組裡，負責製作會議記錄。工作只有將大家討論的內容輸到WORD裡，並且進行彙整。大家應該會想：「什麼啊，這不是打雜嗎？」

可是只要心裡想「缺席的人如果沒有看到這份會議記錄，下次上課就跟不上進度了」，無趣的會議記錄也會變成「要負責任」的職務。後來我發現原本是「為了別人而做」的工作，到頭來還是對自己有利。

只為了自己努力，其實是一件難事。相反的，有點麻煩的工作，只要想這是**「為了別人做的」**、**「為了讓別人高興」**，就會全力以赴了。

不想做、好麻煩，遇到這種工作的時候，不妨自願擔任要負責任的職務。然後選一個讓大家高興的方法。到頭來，自己還是會獲利。

收拾的魔法

教養學部三年級 加納惠美

■高中⇩滋賀縣私立高中
■錄取⇩應屆
■志願⇩商社

父親教我的大腦科學秘密

我在準備考試的時候，會突然浮現一股打掃房間的欲望。把書本丟到一邊，開始打掃，看到乾淨的房間時，我會感到非常滿足。當我覺得很暢快的時候，瞄了時鐘一眼，才發現花了不少時間，又急著唸起書來——大家應該有過這樣的經驗吧？

其實，科學家已經證明，「唸書時收拾房間」可以有效激發熱情。我在唸書或是做大學的作業時，如果覺得累了就會刻意打掃房間，再度燃起熱情。

我是在高中三年級的時候，得知收拾房間的效果。當時父親熱衷於大腦科學的相關書籍與電視節目，我也受到他的影響。我最不會整理房間了，房間總是亂七八糟。東西拿出來就不會收回去，所以書桌和房間都很凌亂。

父親看過我房間的慘狀之後，感嘆的說道：「完全看不出來是女生的房間。」於是他告訴我：「據說收拾可以刺激大腦，激發熱情。準備考試的時候，妳就一點一點慢慢收拾吧。」

在父親看過的書裡，寫著收拾這類單純的作業，可以活化大腦邊緣的「伏隔核」，這個器官與產生欲求有很深的關係。這個現象稱為「作業興奮」。當大腦因唸書或是工作感到疲倦時，可以用簡單的作業獲得成就感，活化大腦，恢復熱情。

我遵從父親的教誨，利用唸書的空檔收拾。唸書唸到很煩的時候，就花十到十五分鐘整理或丟掉堆積的講義，或是將桌上多餘的東西收進抽屜裡。

剛開始我也是半信半疑，不過我想收拾也可以轉換心情，結果我在收拾的過程中體會它的效果。原本覺得大腦很疲勞，只要站起來走一走，或是動動雙手，思路就越來越清晰了。而且書桌和房間變乾淨了，唸起書來覺得很舒服，作業效率也提昇了。腦袋和房間都煥然一新，真是一石二鳥呢。

至於收拾的頻率，我平均每個小時都會休息一次，收拾或是做其他的工作。據說人類的大腦無法承受長時間的複雜工作。像是困難的計算或是寫論文等等高難度的作業，只要超過一個小時，大腦就會感到疲勞，無法充分發揮作用了。所以要穿插收拾或是把單字抄到單字本上的單純作業，讓大腦適度休息。如此一來，思考複雜事情的力量又會再度湧現了。

做了一個小時複雜的作業之後，做十分鐘單純作業，讓大腦放鬆。重覆這個流程，熱情就不會中斷。持續三個月之後，我的房間已經在不知不覺中變乾淨了，連當時建議我的父親都嚇了一跳（笑）。

藍色的裝潢加強專注力

變身為「**收拾女孩**」的我，最近熱衷蒐集藍色的東西。

窗簾、床單、抱枕甚至是筆筒，我的書房所有的東西都統一用藍色系。據說藍色具有冷靜興奮狀態、提高專注力的效果。因此我將書房的裝潢全都改成藍色。房間是清一色的藍，還被家人取笑說好像走進水族館了。

我本來還在想把房間改成藍色真的能集中精神嗎？沒想到這一招真的很有效。走進純藍色的房間之後，跟其他房間的顏色不一樣，所以視覺上馬上就能轉換心情「在這裡覺得很沈著，是一個唸書的地方。」

書桌周邊也全都是藍色，藍色的自動鉛筆、藍色的鉛筆盒、藍色封面的筆記本……，不會因為五顏六色分散注意力。自然就會冷靜下來，即使長時間唸書，專注力也不會中斷。

只花十分鐘收拾房間，統一裝潢的色彩，用一些小巧思就能刺激大腦，控制自己的熱情與專注力。

如果你一直沒有熱情，或是房間和腦袋都亂七八糟，思緒無法集中，請務必利用大腦科學的智慧，按下你的熱情開關吧。

在咖啡店裝酷

教養學部三年級 竹內利信

■高中⇩埼玉縣私立高中
■錄取⇩重考一年
■志願⇩記者

扮演心目中的理想形像，增強熱情

我的一天在**羅多倫（Doutor）開始，也在羅多倫結束**。

應考的時候，我在早上五點半起床，六點開店就到羅多倫報到。我會點咖啡和早餐，一直唸到八點。八點再去補習班上課。下課之後，我會再去羅多倫，從傍晚開始，最晚會唸到打烊。我一直實行這個方法。進了大學之後，我還是會想辦法早點起床，先去羅多倫唸書之後再去學校。

為什麼這麼愛去羅多倫呢？並不是因為咖啡店是一個安靜、可以專心的地方。只是因為我覺得在咖啡店邊喝咖啡邊唸書的我比較酷。**桌上當然要放著東**

大的紅皮書（笑）。（註：紅皮書為歷年入學考試題庫）

我沒有錢到星巴克或是其他的咖啡店。因為羅多倫的咖啡只要200日圓，重考生的我還負擔得起。雖然說只有200日圓，大家可能會想我竟然為了這麼荒謬的理由，每天花錢到羅多倫。當我在咖啡店扮演酷酷的自己時，就莫名的有心情唸書了，沒有其他雜念，非常專心。

原因是出於我有一個年紀小我很多的妹妹，在家裡總是很吵，我又不習慣在補習班的自修室或圖書館唸書。尤其是自修室，人家一起認真唸書的時候，我會覺得自己好像書呆子，好矬哦。所以我才會選擇到咖啡店去唸書。

在清晨的咖啡店裡，可以看到西裝筆挺的上班族，面有難色的喝咖啡，閱讀日經新聞或英文報紙。混在他們當中唸書，我都會想「一早就在這裡唸書，我是不是很帥呢？」（笑）。

皺著眉頭翻閱東大紅皮書的自己，帥到連自己都覺得好陶醉。在咖啡店的時候，我會覺得心情高亢，一點都不覺得唸書是苦差事。再加上早上的咖啡店，旁邊的人都在讀書或是打電腦，大家都很安靜，所以我總覺得不能偷懶。相反的，在咖啡店睡覺或是打混，看起來一點也不帥，自然會抬頭挺胸。

打算把200日圓唸回本

在咖啡店唸書的另一個重點在於必須花錢買飲料。羅多倫的咖啡是200日圓，走進店裡點咖啡，付錢的瞬間，我就會振作起來，「好，我一定要讓這200日圓回本。」

特別需要集中精神的時候，我會點可可或是抹茶拿鐵等等，稍微貴一點的飲料。我會想：「點了這麼貴的飲料，一定要比平常認真。」熱情的程度與飲料的價格成正比（笑）。

覺得無法專心的時候，請大家下定決心，去咖啡店吧。買了咖啡，走到座位的瞬間，熱情開關應該已經打開了。咖啡含的咖啡因會刺激大腦皮質，讓腦袋清醒，最適合想要專心的時候了。

熱情開關 4

用鉛筆唸書

理科一類一年級 竹井美咲

■高中⇩千葉縣私立高中
■錄取⇩重考一年
■志願⇩研發人員

眼睛看得到的努力，讓我找回自信

當我沒考上東大，陷入失意的谷底時，是一根鉛筆救了我。

不過是一隻鉛筆，能改變什麼呢？可是當我拋棄自動鉛筆，改用鉛筆做作業之後，我找回曾經失去的自信了。

請不要想「怎麼可能！」哦。至少我跟朋友還有學弟妹，都用了同樣的方法，專注力都提昇了，而且還能坐在書桌前面好幾個小時。

我想原因是出於使用鉛筆的時候，可以**「用眼睛確認努力」**。

我開始用鉛筆，是在第一次東大入學考失敗，決定重考的時候。當時我認為自己非常拚命的唸書了，結果卻沒考上。於是我完全喪失自信。「我已經那麼努力了，為什麼不能如願呢？可能是因為我的腦袋本來就不好吧。就算重考，說不定又會再次落榜」，我陷入負面的情緒當中，覺得不管做什麼都是白費力氣，滿懷不安的心情。雖然我希望下次一定要考上，只顧著做試題集，可是不安的情緒完全沒有好轉。

「雖然我很拚命了，我看只唸這些完全不夠吧……」我完全沒有信心，不知道自己能不能再繼續努力下去。

在一次偶然的機會中，我在補習班正好坐在一個成績很好的人隔壁。他都用鉛筆做筆記。我偷偷看了他的鉛筆盒（笑），裡面全都是鉛筆。

於是我想我也來用鉛筆吧。我也不知道原因。反正厲害的人用鉛筆，我就來學他吧。

用鉛筆之後，馬上就看到效果了。可以確認自己的努力程度。努力成了眼睛看得見的實體。

鉛筆的好處就是越用越短，可以用眼睛確認。每次把筆尖磨圓的鉛筆放進削鉛筆機裡轉的時候，都能確認自己慢慢的往前跨進，我會覺得沾沾自喜，恢復精神。

當鉛筆短到不能用的時候，我不會丟掉，會把它們留在專用的盒子裡。每次把鉛筆放進盒子時，都會湧現一股滿足的心情，「又唸了一隻鉛筆的份量了」，我覺得一點一滴的唸書越來越有趣了。

擁有「我做了這麼多！」的具體形象

除了鉛筆之外，我也花了各種心思，「用眼睛看，並確認已付出的努力」。像是用完的試題集和筆記本不要收到書架上，全都堆在地板上。每次做完一本試題集，就會對自己說聲「辛苦了」，然後把它放在「試題集高塔」上。每當塔長高的時候，曾經喪失的自信心又回來了。

開始唸書之前，我會在房間的牆壁貼上一張白紙。每唸一個小時，我就會在牆上的紙畫一個圓圈。每畫一個圓圈就會告訴自己：「好棒哦，我好努力」，每小時都能激發自己的士氣，新的熱情再度湧現「再加把勁，多畫一些圓圈吧。」

參加第二次東大入學考之前，我檢查之後發現放鉛筆的盒子已經滿了，試題集的塔跟我的身高差不多了。看了之後，連我自己都覺得「原來我很厲害嘛」（笑）。「我這麼努力了，才不會落榜！」於是我充滿自信哦。考試當天我也不曾感到不安，冷靜的作答。遇到有一點難度的問題時，我差點又要陷入負面思考了，可是我馬上想起一整盒的鉛筆和堆積成塔的試題集，「不會、不會、我可以！」又能重新振作起來。

不清楚自己有多麼努力的話，就會喪失自信，覺得努力也是白費工夫呢。只要能用眼睛看見自己的努力，即可了解自己正一步一步往前邁進，就能擁有自信。

順帶一提，後來我在大學遇到那個讓我開始用鉛筆的人，我向他問道。你為什麼只用鉛筆呢？

「一方面是因為好用，另一個原因是每當鉛筆變短的時候，我都能感受到我正在唸書。」

熱情開關 5

當個晨型人

文學部三年級 高橋恭介

■高中⇩山梨縣私立高中
■錄取⇩重考兩年
■志願⇩廣告代理商

書沒唸完也要在晚上十點就寢

準備考試的時候，通常會討論「晨型好還是夜型好」這個問題。雖然我沒有統計過東大生多半屬於哪一型，不過我身邊的人大多是晨型的人哦。

舉例來說，一整晚熬夜唸書，完全是白費工夫。雖然可以得到自我滿足，「我唸了很多書哦」，可是效率非常差。

人要經過睡眠才能將唸的內容轉為記憶，這是大腦的機制。所以睡眠不足時，唸書的效果很差。

不能成為晨型的人，最大的煩惱就是「早上爬不起來」。那麼晚才睡，早上當然爬不起來。我也會不小心就唸到半夜，好幾次差點睡著，所以注意力就移到其他東西上了。

怎麼做才能「早起」呢？有很多方法，像是「多調幾個鬧鐘」或是「請別人叫自己起床」，雖然醒了，如果沒睡飽，馬上就會覺得眼皮很重。不管是喝咖啡、還是把房間的室溫調低，專注力都無法持久。

再加上第二天會覺得頭腦空空，完全聽不進上課的內容。這不就是本末倒置了嗎？那麼我們該怎麼辦呢？

「早點睡」

徹底做到這件事。我過著每天晚上十點一定上床，四點起床的生活。

如果沒有把進度唸完，要在十點就寢當然需要一些勇氣。還會感到焦急，「這種時間其他人一定還在努力吧。」請大家克制這股焦慮，上床睡覺吧。

晚上十點就寢，早上四點起床，徹底打造這樣的生活節奏吧。過一陣子之後，身體就會記住這個節奏，不用再逼自己睡著和起不了床了。

把鬧鐘放在腳邊，絕對不會睡過頭

儘管如此，要養成每天早上四點起床的習慣，還是很辛苦。由於我長期都過著夜型生活，所以身體一直無法習慣。

我會在晚上十點勉強自己鑽進被窩，閉上眼睛。怎麼也睡不著的時候，我會喝一杯熱牛奶暖暖胃，睡意自然就來了。

既然都早睡了，睡過頭或是睡回籠覺就沒有意義了。

為了不讓自己睡過頭，我準備兩個鬧鐘，分別放在枕邊和腳邊。

設定枕邊的鬧鐘先響，腳邊的鬧鐘則設在十分鐘之後。第一個鬧鐘如果叫不醒的話，要按掉第二個鬧鐘就必須下床，所以可以防止睡回籠覺，確實把你叫醒。

睡前也可以拉開房間的窗簾，讓早上的太陽照進來，更容易清醒哦。

想要早起卻老是會睡回籠覺的人……建議大家絕對要用「腳邊放鬧鐘」這一招哦。

早睡早起頭腦清醒

我覺得晨型生活最好的一點在於能夠確保一定的睡眠時間，每天早上都能神清氣爽的醒來。

以前半夜唸書的時候，經常在上課時打瞌睡。被老師或是坐在隔壁的人戳了之後會醒過來，幾分鐘後意識又再度飛到九霄雲外了。自從我開始過晨型生活之後，就連老師都說：「你最近不打瞌睡了耶。」改善了在上課時打瞌睡的習慣。就別說想睡覺了，還能思考與咀嚼老師說的話，有餘力理解了。

另一個好處是**方便安排計畫**。

利用半夜唸書的時候，結束的時間總是不固定，只能靠自己判斷。雖然努力唸完全部就行了，中途感到疲勞時，我也常常中斷「今天就這樣吧，唸到這裡就好了。」

一旦決定睡覺的時間，這個時間就成了截止時間。也就是說，「距離十點還有三個小時，那麼至少要把這個部分唸完」，從結束的時間倒推回來，即可安排計畫。也因為每天的讀書時間固定，變得很好訂立一整週的計畫了。

再加上大腦科學的書上寫著晚間十點～凌晨二點是**「睡眠的黃金時間」**，在這段時間睡覺比較容易進入非快速動眼期，分泌更多的生長荷爾蒙，所以在這段時間睡覺，對於恢復疲勞與美容方面相當重要。

話說回來，自從我改成晨型之後，比較不容易疲勞，皮膚好像也變好了耶（笑）。

清晨散步分泌「熱情物質」

自從上大學之後，除了早起之外，我還養成清晨散步的習慣。科學已經證實清晨散步的效果。

早上曬太陽之後，即可重新設定體內時鐘。過去一直是夜型的人，只要連續幾天在同一個時間起床，曬一曬太陽，即可調整為規律的生活。早上自然清醒，夜晚也能順利入眠。

此外，在陽光下走路會促使大腦分泌血清素。血清素可以安定精神，讓人更加積極。而且走路可以運動下半身的肌肉，促進大腦活性化。清晨散步同時能刺激「熱情」與「大腦活動」。

自從我開始晨間散步後，專注力增加了一倍。上了大學之後，從第一堂課就能全力用腦。再也不曾在上課中打瞌睡或是發呆了。散步回家之後，不曉得是不是血清素的關係，我總是非常積極，「今天也要好好加油！」

熱情開關 6

打造一個可以專心的環境

文科二類二年級 五十嵐潤

■高中⇩神奈川縣私立高中
■錄取⇩應屆
■志願⇩金融業

寺廟體驗讓我學到的事

自從國中時，到寺廟住宿之後，我對唸書的環境一直很堅持。由於我的國中跟佛教有點淵源，所以二年級的時候一定要參加校外教學，到合作的寺廟住宿，抄寫經文。

在出發的電車上，我還輕浮的跟朋友說：「反正寺廟那邊也有便利商店吧。到那邊再去買個JUMP（註：漫畫雜誌）來看吧。」

等到我們抵達寺廟之後，才發現那裡什麼都沒有。「這裡根本不好玩。」我非常沮喪。那是一個非常寬廣，什麼都沒有的空間，根本沒有東西可以玩。

只要跑來跑去，或是聊天，老師及和尚就會射來銳利的眼神。我們逼不得已，只好開始抄寫經文。

出人意料的是，原本以為抄寫經文很無趣，沒想到大家在不知不覺中都投入其中。我們可是連平常上課都會發呆、講悄悄話耶。

時間一眨眼就過了，和尚說道：

「大家平常身邊充斥太多東西了。像這樣，來到什麼都沒有，安靜的地方抄寫經文，請問大家有什麼感想呢？」

聽了這個問題後，我坦白的答道，我在不知不覺中，什麼也沒想，非常專心。

於是和尚說道：

「對吧。拿掉身邊多餘的東西，**處在安靜的環境裡，就能把心放空哦。**」

現在回想起來，和尚可能是在講佛教的頓悟與坐禪吧。可是當時我發現換個環境就能找到前所未見的專注力，讓我非常的感動。

沒有多餘的事物就能專注

自從寺廟體驗之後，我對於唸書的環境非常堅持。

高三的時候，我會在放學後留在學校自習，學校放假的時候，則會整天窩在補習班的自修室。就像那座寺廟一樣，附近沒有可以玩的地方，也沒有想去的店，有空檔只能去廁所，我把自己關在這樣的環境裡。

很多朋友都認為待在家裡，在自己房間唸書最好，可是家裡的誘惑太多了。忍耐不要看電視或是打電動，都會形成一股壓力，就算忍不住看了電視，打了電動，也不覺得開心，結束之後又會感到罪惡感。

如果非得要承受這麼大的壓力，不如乾脆把自己放在只能唸書，不能做其他事的環境，這樣輕鬆了好幾倍，還能專心唸書。

有時候要改變自己

有些時候，我們也會遇到無法改變環境的情況吧。這種時候只要**自己動起來就行了**。

舉例來說，我每天來回要搭一個小時的電車上學，我覺得這段時間很浪費。可是電車搖搖晃晃，又很吵，根本沒辦法坐下來唸書。

我戴上抗噪耳機，用這段時間來背英文單字。用耳機阻絕雜音，在電車裡站著背那些我沒辦法在書桌前背誦的單字。

如果無法改變環境，那就自己花一點心思，選擇適合這個環境的行動吧。沒有誘惑的環境，只能做某件事的環境。

人類的意志本來就很薄弱。想要靠意志力達成某件事，畢竟還是有所極限。所以我認為自己打造環境才是最快的捷徑。

熱情開關 7

在星期天晚上塗指甲油

文科三類一年級 近藤美沙

■高中⇩東京都私立高中
■錄取⇩重考一年
■志願⇩博物館員

「矬妹」靠指甲油大變身

每星期天的晚上，我一定會把指甲油重新塗過。

先把手上的指甲油卸乾淨，再細心塗上新的指甲油。這麼做讓我覺得我從指尖開始脫胎換骨，成了全新的自己。為了讓我覺得「從星期一再開始加油吧」，塗指甲油是一個我絕對需要的步驟。

我從高中三年級開始保養指甲。當時我的指甲慘不忍睹。因為大考的壓力，我養成嚴重的咬指甲壞習慣，指尖不但崎嶇變形，嚴重的時候還會流血。母親實在是看不下去，不知道從哪裡聽來塗指甲油可以改掉咬指甲的壞習慣，於是買了一罐指甲油給我，「塗上它吧。」

指甲油療法的效果立現，咬指甲的壞習慣馬上就改掉了。指甲油不是有一股石油的氣味嗎?很臭耶。每次想要咬塗了指甲油的手指，就會覺得有點厭惡（笑）。開始用指甲油之後，大約一個星期，我就不再咬指甲了。

然而護甲的效果可不僅僅是這樣哦。指甲變漂亮之後，我對事物的想法都非常積極。

高中時代的我就是人家說的**「魚乾女」**。戴著厚重的眼鏡，頭髮隨便往後紮成馬尾，全身上下都是UNIQLO。對化妝完全沒興趣。在家裡的時候，一整天都穿運動服或棉T恤。而且房間非常亂，覺得麻煩的時候連澡都不洗，過著很懶散的生活。

開始保養指甲之後，我的生活慢慢改變了。首先，我不再邋遢了。因為指甲太漂亮了，衣服和頭髮如果不漂亮的話，感覺好像不搭呢。我開始買一些流行的衣服，定期上美容院修剪頭髮。我也會認真閱讀流行雜誌的美妝頁面，開始化妝了。

打理好自己的服裝儀容之後，接下來我開始介意自己凌亂的房間了。當我還是魚乾女的時候，根本不覺得髒亂的房間有什麼問題，真是不可思議呢。不知不覺間，我開始收拾了，房間煥然一新。穿上流行的新款服飾，坐在整理乾淨的書桌前，很不可思議的，我覺得非常振奮，開始認真唸書了。

有機可乘的服裝儀容，表示有機可乘的心靈

打理好服裝儀容之後，最大的改變就是我萌生了「連小地方都要一絲不苟」的意識。

魚乾女時期，我一直覺得「只要能進東大，其他都無所謂。衣服很土，房間很亂，都沒有關係。」可是這正是我的心被大考準備填滿，沒有餘力的證據。我發現我替自己找了「唸書很累」或是「我很忙」的藉口，「任由自己懶散」。

臉都沒洗就穿著破舊的運動服坐在書桌前，連心情都很散漫。相反的，穿上

漂亮的衣服，把指尖弄得漂漂亮亮，自然會正襟危坐，認真看待每一件小事。

舉例來說，開始塗指甲油之後，我連筆記都寫得很漂亮。以前我一直覺得「筆記只要看得懂就好了」，所以隨便寫一寫，用漂亮的手指拿筆的時候，就會覺得我應該把字寫得漂亮一點。結果我養成細心寫字的好習慣，模擬考時，不小心的失誤也減少了。

心情老是很懶散，無法認真唸書或工作的人，請照鏡子看一下自己的全身吧。你的頭髮是不是亂七八糟的？你是不是穿著老舊的衣服呢？如果你一直保持這樣，心情就會一直很鬱悶哦。先去洗把臉，梳理頭髮吧。然後穿上你最喜歡的衣服，把自己打扮得漂漂亮亮，連指尖都別放過。當你宛如重獲新生時，應該會湧現熱情。不管是多小的工作，都會仔細的完成。

整理服裝儀容，是整頓心靈的第一步。

第2章

從小動作做起

高舉雙手呼喊萬歲

理科三類二年級 尾崎道宏

■高中⇩鹿兒島縣私立高中
■錄取⇩應屆
■志願⇩醫生

呼喊萬歲讓人心情愉快

每當我感到沮喪的時候，就會站起來高舉雙手萬歲。當然只限於沒有人看到的時候。

這是因為萬歲動作會為我帶來好心情。

高中二年級的冬天，我唸書一直唸得不太順利，感到很沮喪。

當時比我大一屆的學長學姊們剛考完大學聯考，自己也覺得該努力了，「終於輪到我們了，必須好好加油才行。」可是我太心急了，反而感到焦急，熱情不停的白費力氣。

在這樣的狀態之下，在學校的模擬考成績自然也是慘不忍睹。和老師面談的時候，老師還擔心的說：「先別說理科三類了，這種成績連鄉下的醫大可能都很危險。」

不過他還是補了一句「還有一年的時間，要好好加油哦。」「我已經很努力了。」這句話反而為我帶來更大的打擊。

面談之後，我帶著沈重的心情回到宿舍，宿舍裡正在大肆慶祝。不久之前東大放榜了，大家都在高舉雙手萬歲，祝福考上的學長們。

在朋友的催促之下，我也加入他們的行列，「人家正在沮喪，搞什麼啊。」我心裡感到不滿，還是持續高舉雙手萬歲。

結果我的心情居然好轉了。不知不覺中，我覺得舉手發出聲音很快樂。

完成對學長們的祝福之後，我的心情已經很高亢，覺得自己似乎**還能繼續努力**。

一個人做也有效果

當我回到房間獨處之後，我心想：「我只是隨著身邊的氣氛起舞罷了，呼喊萬歲本身應該沒有什麼效果吧？」

這時我突然浮現一個念頭，決定做個實驗。說是實驗，其實很簡單啦，只要一個人高舉雙手呼喊萬歲，證明一下就行了。

剛才應該是我的錯覺吧，我心裡這麼想著，站起來開始喊萬歲。因為怕被別人發現，所以我降低自己的音量。

就結果來說，我是錯的。做了三次萬歲呼之後，我的表情就鬆弛了，開始浮現笑容。雖然比不上祝福學長的時候，不過我真的覺得心情很好。我猜是因為呼喊萬歲的時候，會想起過去萬歲呼時的美好經驗，所以才會覺得開心吧？或是呼喊萬歲本來就具有激勵自己的效果。

不管是哪一種，我現在已經知道呼喊萬歲有出人意料之外的效果。從此之後，每當我沮喪的時候，都會高舉雙手呼喊萬歲，恢復沈悶的心情。

鬆弛僵硬的身體

其實我現在還在做萬歲呼的動作。

這是我上大學之後才知道的事，原來萬歲呼在醫學上也是一個有意義的行為。據說人體的肩胛骨特別容易僵硬。一旦肩胛骨僵硬之後，肋骨就無法打開，只會往內縮。

如此一來，人只能淺呼吸，無法將氧氣送達全身，造成心臟等等內臟、肌肉的負擔。只要肩胛骨僵硬，對全身都會造成不好的影響哦。當我們把手臂高舉過頭，鬆弛肩胛骨，即可促進血液循環。

沒錯，就是萬歲呼的姿勢。

在身體感到有負擔的狀態下，我們沒辦法充分休息，疲勞也容易累積。這時，只要高舉雙手呼喊萬歲，即可放鬆身體，所以兼具**恢復疲勞與安眠效果**。

在沮喪的時候高舉雙手呼喊萬歲，即可放鬆身體與心靈。於是我又能再度跨出下一步了。

熱情開關 9

把應辦事項寫在手上

經濟學部三年級 大塚慶實

■高中⇩東京都私立高中
■錄取⇩重考一年
■志願⇩漫畫編輯

用麥克筆寫在手上100%都能實行

我的左手就是我的 TO DO LIST。

像是「講座的作業14天後要交」或是「八點前 mail 打工的排班表」，我把必須做的事全都用麥克筆寫上去。

只要寫在手上，該做的事隨時都會映入眼簾。每一次看到都能對自己施壓，「唉，該寫作業了」、「該 mail 給打工的地方了」，打倒那個想偷懶的自己，想要好好的把該做的事情完成。

東大的講座好友常常取笑我或是擔心我，「小慶，妳的手是怎麼回事！」真的有一點丟臉（笑），到目前為止，只要是寫在手上的事情，我還不曾沒完成過。我可以充滿自信的說「左手 TO DO LIST」的效果超強。

之所以開始把左手當成 TO DO LIST，是高中時期的補習班老師教我的。那位老師是以斯巴達教育聞名的日本史老師。課堂上提到年號和歷史用語時，老師就會說：「現在馬上背起來！」，突然要大家背誦。如果背不起來的話，老師就會叫我們用黑色麥克筆把背不起來的項目寫在手上。

遇到很多背不起來的項目時，黑色的字體甚至會一路從手心寫到手背、從手肘寫到上臂。搭電車的時候，水手服底下露出烏七抹黑的手，真的很丟臉耶。除了默背的事項之外，老師連作業和小考日期都要我們寫在手上。

剛開始我很生氣，為什麼要做這麼丟臉的事呢？可是我寫在手上的事情都能100%背起來，也不會忘記，一定會實行。

寫在手上的事在完成之前都不會消失

把手當成 TO DO LIST 之後，為什麼能夠達成應該做的事情呢？

老師說最大的理由就是「**在記住寫在手上的事情之前**」或者是「完成之前」，絕對不會消失。拿來寫的麥克筆是極粗的油性筆，過著正常生活的話，字跡絕對不會消失。

例如手臂上寫著「日本史作業要做到35頁」，一定不想讓別人看見吧。為了消掉這個丟臉的麥克筆字體，心裡就會想著早一點完成，再用肥皂洗掉吧。結果就不會拖延該做的事，為了把這些黑色的字洗掉，就能好好努力。

再加上把手當成 TO DO LIST 之後，也等於是向每個人宣言「我要做寫在上面的事！」

訂定某個目標的時候，只要向身邊的人宣告「我要做○○」，據說達成率都會增加。手上的 TO DO LIST 也是一樣的道理。在手臂上明顯的地方寫著「我要做一百次仰臥起坐」，就算自己不開口，大家都知道「哦哦，這個人打算做一百個仰臥起坐啊。」

我現在跟東大的社團朋友們，正打算參加一個商務競賽。目標當然是冠軍，所以我在左手寫著「競賽絕對要拿第一，30日前彙整計畫大綱」。我並沒有到處向身邊的人說：「我絕對要得第一。」可是在手上寫了第一名這麼大的目標，到處晃來晃去，沒達成就太遜了吧。因為我公開宣示了，我一定要做到才不會丟臉，自然就充滿熱情了。

成語說「言出必行」，讓身邊的人看到「我要做！」的態度，就會湧現付諸實行的能量了。

人類的意志力比我們想像中還要薄弱。即便心裡想著「我要做這個」、「我要做那個」，只要有點累，或是有其他更有趣的事情，就不會看那些應辦事項，或是把它忘光了。

如果大家現在有「必須做的事」，請先準備一枝麥克筆，把工作寫在手上吧。旁人的視線也許有點難以忍受（笑），我敢保證一定能夠達成。

把熱情開關放在看得到的地方

文學部三年級 高木真美

■高中⇩長野縣公立高中
■錄取⇩應屆
■志願⇩未定

失去熱情時映入眼簾的話

我在應考的時候，在書桌前貼了一張紙，上面寫著斗大的「拚到抓住真貨為止」。每次換新筆記本的時候，我也會用麥克筆在封面寫上同樣的話。這個習慣一直維持到現在。

寫在這麼顯眼的地方，勢必經常映入眼簾，每次都能激勵我。

準備大考的時候，每個人都會一下子失去熱情吧。明明還沒達成今天的課題，也會感到洩氣「今天就到此為止吧！」。

可是，每當我闔上筆記本的時候，就會看到「拚到抓住真貨為止」這句話。一抬起頭也會看到同樣的話。

「我還沒抓到『真貨』，如果做不到的話，我就考不上了」於是我失去的熱情再次燃燒。

「拚到抓住真貨為止」

這句話正是我的熱情開關。這是我小學五年級的時候，貼在黑板上方的話。雖然這是我們導師的座右銘，不過我每天每天都看著這句話，也許自然而然的就留在我心底了吧。

這句話對一個小學五年級的學生來說，相當的困難。可是我們導師就是真的沒「抓住真貨」絕不妥協的嚴厲教師。

舉例來說，在做練習題的時候，他要求我們同樣的問題一定要解三次。游泳課也一樣，關於想要學會的游泳方法、原因、進步的計畫、練習圖等等，他要求我們每一次都要提出報告。

打招呼的重要性、養成重覆的習慣，靠自己思考。他嚴格的要求我們學會這些事。據說有家長因此表示抗議，認為他「太嚴格了」，可是老師回答：「我不認為自己太嚴格。在學生們『抓住真貨』之前，我都會貫徹這個風格。」

繼續社團活動還是應屆考取東大

儘管如此，我小學的時候只是懵懵懂懂的理解「這樣啊，我一定要『抓住真貨』才行啊」，長大之後，我總算了解這句話真正的意義了。

例如高中的社團活動。我參加羽球社，當時拿唸書當藉口，沒有認真練習。升上三年級之後，許多同學為了準備考試，紛紛退社了，我本來也想要退社。可是我想到我還沒抓住「真貨」。

大考還有重考的機會。可是高中社團就只有現在了。我一定要拚到抓住「真貨」為止！於是我非常認真努力，投入來日不多的社團生活。

也許是我的努力有了代價，最後我們殺進全縣的準決賽，在第三名決定賽獲勝，成功奪得第三名。

「拚到抓住真貨為止」

雖然我不認為自己抓住羽毛球的「真貨」了，可是我充滿自信，對後來的大考也帶來正面的影響。要是沒有那句話，要是我沒把那句話寫在筆記本或紙上，我可能無法應屆考上東大。

進了大學之後，每次看到社團用的練習計畫筆記本，或是平常唸書用的筆記本，都能讓我找回初衷。

也許大家認為這句話過一陣子就不能帶來刺激了，可是我卻不是這樣。這句話真的留在我心底，永遠都不會失去魅力。

請大家**找一個自己的座右銘，隨時隨地都能看到它**。只要隨時意識到它的存在，就算失去熱情，也能夠讓你繼續努力下去。

泡澡五分鐘

理科三類一年級 小松堅志郎

■高中⇩福井縣公立高中
■錄取⇩重考三年
■志願⇩外科醫生

淋浴洗不掉的疲勞

每當我覺得自己快要撐不下去的時候，都會泡個澡。

剛開始搬到外面生活的時候，不習慣的東京生活以及每天的課業讓我感到精疲力盡，回到家的時候，常常都已經累垮了。這個時候我都會想：「反正只是要洗身體，淋浴就好了」，所以我就快速沖了澡，鑽進被窩。可是我的疲勞一直都沒有消除。

在老家的時候，每天家裡都會放一缸熱水，所以我總是不假思索的泡澡。現在回想起來，這個行為可能撫癒了我的疲勞吧？

於是，當我再次精疲力盡的回家時，我放了熱水泡了澡。沒想到我覺得好像比較不累了。泡澡消除體內的寒意，所以背上和肩膀的僵硬不會留到第二天。由於身體溫熱了，我更容易入睡，睡得也更沈了。

心的歸零時間

不過我是一個很懶的人，累的時候還要放一缸熱水，實在是太麻煩了。只要讓身體暖和就行了吧？所以我經常靠吃拉麵或是喝酒來解決。可是某一天，我發現泡澡的另一個作用。

泡澡可以洗掉那些討厭的事情。

大學一年級的冬天，我同時要處理好幾份報告和社團的工作，幾乎快要喘不過氣了。除了體力方面，我的情緒無處宣洩，精神方面也非常疲勞。

我試著喝營養飲料或是躲在暖氣房裡，想要讓身體暖和起來，打算就這樣混過去，只是疲勞一直無法消除。實在是沒有辦法，我只好泡澡了。

沒泡多久，我發現自己正在哭泣。

泡澡的時候，我一直在放空，這麼做好像不錯。泡在熱水裡，有一段什麼都不用想的時間，才能讓不斷使用的大腦休息。而且身體暖了，感到安心了，結果之前一直沒能宣洩出來的難過化為淚水，都沖走了。

洗把臉，離開熱水之後，我的身心都好舒暢。

後來，每當我快要撐不下去的時候，我都會**泡個澡，讓疲勞的心歸零**。

「順便」、「只要五分鐘」的想法

雖然如此，真的覺得累的時候，特地放一缸熱水還是很麻煩。於是我想了各種方法。

首先，在做某些事情時順便放熱水。像是去浴室刷牙的時候，我會打開水龍頭。接下來想一想明天要穿的衣服，順便等熱水放滿。就像這樣，做其他事情的時候，順便放熱水，只不過增加一個步驟，門檻就降低了。

然後我會想「五分鐘就夠了，也不要洗浴缸」。有些時候，第二天還要早起，或是我已經累到不行了，想要馬上睡覺。可是還是要消除疲勞，所以我會多寵自己一點，才會興起泡澡的念頭。

其實，一旦泡到熱水裡，因為非常舒服，就會想「順便洗頭吧，順便放呆一下吧，順便洗一下浴缸吧」，結果五分鐘一定不會結束。

因為「順便」、「只要五分鐘」的想法去泡澡，讓我的身體跟心靈都暖呼呼，能夠好好睡一覺。早上醒來的時候已經非常舒爽，再也不會覺得自己撐不下去了。

熱情開關 12

睡前讀一頁書

經濟學部四年級 三浦聰美

■高中⇩東京都公立高中
■錄取⇩應屆
■志願⇩媒體業

偶然的一頁成了煩惱的答案

我有一個習慣，睡前一定要讀一頁書。當我失去熱情的時候，或是煩惱的時候，只要讀書，就會從偶然讀到的一頁獲得救贖。

這個習慣是源於先考上東大的哥哥給我的一本書。

高中三年級的秋天，我的身體情況很差，模擬考的成績也慘不忍睹。當時我非常煩惱，「這種成績怎麼考得上東大。可是現在才開始準備其他的大學也來不及了，乾脆不要考好了。」有好一陣子我都沒睡好。

於是我跟哥哥討論自己睡不好的事情。哥哥隨手從書架上面抽出一本書交給我，並且說：「那妳在睡前看點書吧。」那本書是森繪都的《月船》。

我心想，有空看書不如早點睡吧，既然哥哥都這麼說了，於是我當晚在睡前隨手翻開一頁，讀了起來。

那一頁的一句話，至今讓我印象深刻。

「比起變得更好，人類遇到挫折時反而比較輕鬆」

對於「不想再準備大考」，脆弱的我來說，這句話刺進我的心裡。雖然變得更好很辛苦，但若在這裡放棄的話，就會一點一點的下沉直到再也站不起來。現在不能選擇輕鬆的路。這句話成了我煩惱的解答。

讀完這一頁，闔上書本之後，很不可思議的，我睡得非常香甜。第二天起，我再度湧現「繼續努力，好好唸書吧」的熱情。

其實事後我問過哥哥，他給我《月船》真的出於偶然。據他本人說：「我想妳只要看書就會想睡了，所以隨便拿了一本書給妳。」我看的那一頁也是我隨便翻到的。

不小心看到的一頁，解決了我的煩惱。

只讀一頁就睡覺，也可以繼續讀

可是這麼做總會關心整個故事情節。不過我還要準備考試，不可能花好幾個小時把書看完。

於是我決定在睡前，從第一頁開始，每天只讀一頁。

每天只一頁，有時候會多讀幾頁，結果我花了一個月才把《月船》讀完。

我不小心又看了第二本，又再看了一本。

大家可能會想，考生這麼做好嗎？可是我睡前讀的書，好幾次觸動我的熱情開關。

即使進了大學，我現在還是想著：「只讀一頁就睡覺，有時間就繼續讀」，享受睡前的讀書時光。

平常只讀一頁，只要遇到命運的那一頁，我就會充滿熱情。讀書之於我，是一種安定精神恰到好處的方式。

熱情開關 13

在書桌上放一面小鏡子

埋科一類二年級　廣瀨良子

■高中⇩新潟縣私立高中
■錄取⇩重考一年
■志願⇩遊戲開發

自我暗示「我喜歡物理」

我的書桌上放著一面小鏡子。準備大考的時候，做大學的作業報告的時候，每當我需要能量的時候，每個小時都會照一次鏡子。

「什麼嘛，不就是個自戀狂嗎？」請不要這麼想哦。我對著鏡子裡的自己**「自我暗示」**，讓自己拿出熱情。

雖然說是自我暗示，做法卻是超級簡單。盯著鏡中自己的眼睛，反覆唸著「化學公式馬上就能背起來，背得起來，背得起來……」或是「問題八好簡單、問題八好簡單、問題八好簡單……」旁人看起來應該很詭異吧（笑）。

可是對鏡子裡的自己說「妳辦得到」、「很簡單哦」之後，確實刺激了逐漸消逝的熱情，讓我再次積極努力。

我在高中二年級的時候開始自我暗示。原因是我正好看到電視上的催眠節目。

那個節目讓討厭納豆的藝人面對鏡子，說「我喜歡納豆、我喜歡納豆、我喜歡納豆……」之後再吃納豆，然後藝人大叫「我第一次吃到這麼好吃的納豆！！」看節目的時候，我心想「怎麼可能~」還笑了哦。不過我又想，不如來試試這麼無聊的招式吧（笑）。

我非常想要對自己自我暗示，於是馬上準備鏡子，挑戰催眠。

在我不拿手的物理考試前一天，我站在鏡子前面，**對著鏡子裡的自己不斷的說**「我喜歡物理、喜歡物理、喜歡物理……」沒想到，我覺得自己「超喜歡物理！」……才沒那回事呢（笑）。

可是我總覺得認真對鏡子說話的我有點滑稽，忍不住笑了出來。沒想到「我完全不想碰物理課本」的憂鬱心情都沒了，於是我想「再加把勁吧。」

每小時一次，照鏡子重新振作心情

「該不會是自我暗示真的有效吧？」我開始這麼想，唸書時，如果覺得心情不好，就照鏡子對自己說話。剛開始，每次鬆懈的時候，「我再也不想唸書了……」，都要到浴室照鏡子，對自己喃喃自語的說：「你還想唸，你還想唸……」，隨著自我暗示的頻率增加，我覺得走到浴室好麻煩。所以買了一面小鏡子，放在書桌上。

我對著鏡子說了四年的話，我自己感受到兩個「讓熱情持續的自我暗示秘訣」。

一是即使熱情沒有衰退，也要定期對鏡子說話。我自己是每個小時一次，一定要對著鏡子裡的自己說話。

感到沮喪的時候，當然要說「不要緊，你做得到，你做得到……」，作業進度不如預期時，我也會誇獎自己「良子，加油！保持下去！」。我的自我暗示幾乎沒有「愛上討厭的東西」的效果。

但是對著鏡子可以幫我重新振作精神。不管是狀況好的時候，還是狀況不佳的時候，只要定期對自己說話，隨時激勵自己，就能防止熱情逐漸低落。

另一個秘訣是使用高級的鏡子。剛開始我用的是在百元商品店買的鏡子，第一次東大入學考落榜，決定重考的時候，我大手筆買了ANNA SUI的鏡子。大約2500日圓，本來覺得有點貴，也許是價格的關係，我對它特別有愛呢。長期使用下來，我覺得鏡子就像我的好伙伴，自我暗示的效果好像更強了。

看到這裡，相信有人會想「怎麼可能～」。就像是高中時對著電視大笑的我。請大家就當成受騙上當，嘗試一次**「鏡子自我暗示法」**吧。就算沒有強大的催眠效果，也能將你憂鬱的心情一掃而空，喚起你的熱情哦。

大腦科學的書上也寫著大腦會聽信從嘴巴說出來的話。看著鏡子自言自語的效果加倍。請大家試試看！

第3章

找到創意發想開關

熱情開關 14

用精油紓緩不安的情緒

文學部四年級 白石加代

■高中⇩秋田縣公立高中
■錄取⇩應屆
■志願⇩德國文學研究家

姊姊和柑橘香氣帶給我開朗的心情

「沒上東大也沒關係。我不想再唸書了……！」

高中三年級的秋天，我陷入情緒極度不穩定的情況。我非常想要研究德國文學，所以想上東大。我明明每天都拚命的唸書，模擬考卻沒有什麼好結果，於是我感到越來越不安。由於家庭經濟的關係，我不可能重考。**「落榜該怎麼辦」**負面的情緒一直湧現，讓我歇斯底里，發洩在家人身上，或是突然哭出來，精神狀態一團亂。

把我從這個狀態中拯救出來的是大我七歲的姊姊和精油。

姊姊已經離開家裡，獨立生活，因為媽媽跟她說我的情況不太正常，所以她有一天突然請假回家裡玩。

「一想到萬一落榜該怎麼辦，我就感到很不安，不知如何是好。」當我跟她傾訴之後，姊姊從包包裡拿出許多裝著精油的小瓶子。

「用柑橘精油按摩能讓妳恢復精神哦。」

姊姊從事美容師的工作，為了用精油幫客人按摩，她也在上芳療師的課程。她說：「加代，妳讓我練習吧。」於是用柑橘香氛按摩我的肩膀。

使用不同的精油控制情緒

姊姊用的是柑橘、佛手柑和德國洋甘菊的調和精油。柑橘具有振奮情緒的效果，佛手柑與德國洋甘菊則有穩定情緒的效果。

在香甜又清爽的柑橘香氣繚繞之下按摩，確實紓緩了我緊張的心情，感到放鬆，想法似乎比較積極了。

坦白說，我一直以為芳療只能暫時紓解情緒。當我體認了香氛的效果，感到驚訝時，姊姊告訴我：「香氛的刺激會對精神狀態帶來很大的影響哦。尤其是妳一直唸書，不斷用到視覺，所以嗅覺的刺激更有效哦。」

姊姊留下十幾種精油之後，說了句：「都給妳，要用哦。」就回家了。她同時留下一張便條紙，上面詳細寫著如何配合心情使用不同的香氣。

例如沮喪的時候，只要聞柑橘的香氣就能感到開朗。想要提高專注力的時候，可以用尤加利或迷迭香，昏昏欲睡的時候可以用薄荷，失眠的時候用依蘭或茉莉，重點在於視目的選擇香氣。

我最愛用的就是尤加利和茉莉了。據說尤加利可以提昇專注力。當房間裡飄著清爽的香氣，我的腦袋就會很清醒，讓我感到「好，我要專心唸書了！」

用檸檬香氣切換到背誦模式

精油不只能讓人放鬆，還能「轉換心情」。配合接下來的作業，換一個香氣，從鼻子開始轉換心情。

舉例來說，當我想要背單字的時候，我會用檸檬香氣，據說可以強化記憶力。唸書唸到累了，想休息的時候，我會用具放鬆效果的洋甘菊。

我每天都這麼做，長期下來，只要聞到檸檬的香氣，我就知道「現在要背誦了」，聞到洋甘菊的香味，我就知到「從現在開始是休息的時間」，透過嗅覺就能轉換心情了。即便我心裡想「真不想背單字」，只要聞了檸檬的香氣，是可以自然的想「不背不行哦，好好加油吧！」**還是能轉換心情**。

在LOFT或是東急HAND都能買到精油。市面上也能找到很多便宜的水氧機（將精油打成蒸氣並且噴出來的裝置）。感到沮喪的時候，或是精神不穩定的時候，請利用優質的香氛，控制你的心情吧。

改善人際關係的臉部體操

理科一類一年級 山本秀美

■高中⇩東京都私立高中
■錄取⇩應屆
■志願⇩機械製造業

學長的一句話讓我領悟

當我遇到麻煩的人際關係時，我會做「臉部體操」。

「咦？」我彷彿能聽到這樣的聲音，不過是真的。「最近跟朋友、學長、學弟的關係好像不太好耶」，每次有這種感覺的時候，通常都是我偷懶沒做臉部體操的時期，連我自己都覺得不可思議。

事情是起於高中時期我參加的合唱團。我們高中每年為了即將畢業的三年級生，都會舉辦一場感恩會，每個社團都要表演。合唱團要表演音樂劇，我被選為主角。

當時的我，歌唱能力在社團裡也是倒數的，我自己都覺得唱歌是一件苦差事，甚至還想退社。不知道為什麼，我竟然會被選為主角。就算我去問指導老師，老師也只是堅持的要我「唱就對了！」我幾乎要被不安的情緒壓垮，為了不想在平常照顧我的學長學姊面前丟臉，我只好認真的練習再練習。

因為是音樂劇，跟一般的合唱不太一樣，我必須配合演技做出不同的表情。高興的臉、生氣的臉、悲傷的臉、無奈的臉、溫柔的臉……。演技對我來說是初體驗，不曉得為什麼，正式上場的時候我非常投入。

結束之後，我聽到熱烈的喝采。「太好了」、「超棒的」學長學姊們對我讚不絕口。

表演結束之後，社長走過來對我說了一句話。

「山本投入演技的時候，聲音非常棒哦。如果唱歌的時候也能這樣，不是很好嗎？」

這時**我才發現我欠缺了什麼**。平常我總是硬梆梆的，面無表情的唱歌，比起來，表演的時候我的感情表現更為豐富，音量也加大了。

這件事帶給我自信，原本想要離開合唱團，我再也不曾興起這個念頭了。

對家人和打工時都有良好效果

後來我就開始做臉部體操。雖然說是體操，只是嘴角上揚、睜大眼睛的動作，非常簡單，但是只要這麼做，我就能露出非常柔和的表情。除了合唱之外，也衍生其他的效果。

在社團或是班上，有越來越多人主動找我說話了。表情僵硬的人總讓人不想接近吧。我想我一定散發出「別靠近我的氣場」，連我自己都覺得好可怕。

此外，我跟父母和弟弟們的對話也增加了。以前就連晚餐時間都很少說話，只聽得見電視的聲音，現在家人會主動跟我說話了。因此，我在家的時間也更愉快了。

高中時期，我家明明就在東京，卻一直想著「進大學之後我要快點離開這樣的家，一個人過活」，進了大學之後，現在則是開開心心的從老家去上學（笑）。

弟弟們也經常跟我聊應考的事情，我想並不全是因為我考上東大的關係。

另外就是我現在在補習班打工，是針對國中小學生的個人輔導，這種時候我會特別注意臉部表情。補習班打工的時間比較晚，當課業比較繁忙的時候，我往往帶著「疲勞氣場」到補習班。

結果孩子們好像感受到我的不開心，氣氛非常僵。孩子們很誠實，也很敏感，我可以感受到他們直接的情緒。就算我沒發現，可是從孩子們的態度中，我常常都能得知「我這樣不對」。

當我發現這件事之後，一到補習班我就會先去洗手間。並不是為了上廁所哦。我會對著鏡子做完整套**「臉部體操」**，練習如何做出好表情。等到我養成習慣之後，我發現我跟孩子們相處融洽，交情好到還能互開玩笑了。補習班也會積極把工作交辦給我了。

表情真的可以改變一個人的印象呢。只要做幾十秒的臉部體操，即可產生極大的效果。不僅可以給對方留下好印象，也能帶給自己好心情哦。

熱情開關 16

拿巧克力餅乾當獎賞

文科一類二年級 山本淳一

■高中⇩埼玉縣公立高中
■錄取⇩重考兩年
■志願⇩食品製造業

讓我專注的魔法餅乾

我之所以能考上東大，都是靠 ALFORT。

ALFORT 是 BOURBON 推出的一種巧克力餅乾。自從我開始在唸書時享用這款餅乾之後，我的**專注力特別高，每天都能按照計畫，唸完規定的部分**。只不過是吃個餅乾就能專心，大家應該會覺得怎麼會有這麼美妙的事情吧。

自從開始實施「ALFORT 學習法」之後，我的熱情與專注力都能持續，都能按照計畫進行。

ALFORT 學習法非常簡單。每次解出一個問題，或是背一個英文單字，就能犒賞自己，吃一個喜歡的點心。

重點在於只要完成一點點進度，馬上就要給自己獎賞。

與其一口氣做十頁問題集之後連吃十個點心，不如在每次解開一個問題之後，吃一個點心，專注力比較不容易打斷，可以一直努力下去。

「解一個問題吃一個點心，再解一個就能再吃一個……」就像是用紅蘿蔔釣馬一樣，用點心來釣自己。為了點心上鉤之後，就能解一個問題，再繼續解下一答，不知不覺中通常已經做完好幾十頁的問題集了。每次完成一個習題，能吃一個喜歡的點心，不斷的刺激自己的熱情，專注力才能持久。

這個方式也能在短時間內紓解壓力，長時間唸書也不會疲勞。

達成「超短期目標」刺激熱情

ALFORT之於我，等於是「達成超短期日標後的獎賞」。為了防止計畫失敗，大家常說要擬定「短期目標」吧。

短期目標是由班度拉（Albert Bandura）這位心理學者想出來的名詞。為了達成困難的目標＝長期目標，一步步的完成容易達成的目標＝短期目標，是非常重要的事情。

假設訂立的長期目標是TOEIC成績800分，每天做十頁TOEIC問題集則是短期目標。

儘管短期目標比長期目標更容易達成，每天不間斷的做問題集還是有點辛苦吧。所以我為了每天達成短期目標，自己設了**「超短期目標」**，努力的唸書。「超短期目標」是為了達成短期目標的超簡單目標。以剛才TOEIC的為例，每次解一頁問題集當中的一題，就能達成超短期目標。

解出一個問題是很簡單的作業，只要想「這是目標，要好好達成哦。達成之後再享用獎賞的餅乾吧」，就是一個了不起的「目標」了。實際完成問題之後，衍生「達成目標」的滿足感，又會激發熱情。

超短期目標乍看之下很小，只要不斷累積就成了短期目標，再累積之後，即可達成偉大的目標。

當我決定「考東大」的時候，因為目標太大了，我一度不知如何是好。在不安的心情驅使之下，我設了不太可能達成的短期目標，經常都沒能完成。可是用ALFORT犒自己之後，我開始一步步確實往前邁進了。

當目標過大，對於達成與否感到不安的人，請拿喜歡的東西犒賞自己吧。點心以外的東西也沒關係，可以是遊戲，也可以是電視，也可以是AKB。只要拿某種能夠提高自己熱情與專注力的東西來當糖果，再用皮鞭鞭策自己吧。

熱情開關 17

照顧觀葉植物

文學部四年級 片山笑里

■高中⇩愛媛縣私立高中
■錄取⇩應屆
■志願⇩媒體業

觀賞就能撫慰心靈

每當我感到沮喪的時候，都會照顧擺在房間裡裝飾的觀葉植物。

我有一個熱愛植物，熱衷園藝的嬸嬸。我高中入學的時候，嬸嬸送我的禮物是一盆吊蘭。

當時嬸嬸對我說：「植物可以帶給我們自然的好能量哦。據說還能吸收房間裡的壞能量。把它放在顯眼的地方吧。」

吊蘭長長的葉片確實給我一種清爽的感覺，我蠻喜歡的。於是我馬上就把它擺在書桌旁邊。

不知是不是我的錯覺，我覺得房間好像更華麗了，也為我帶來沈穩的心情。唸書的時候，遇到解不出來的問題，或是跟朋友吵架，感到焦慮不安時，只要看到盆栽，我就會覺得很平靜，壓力都不見了。

我開始認同嬸嬸的說法，也許它真的帶給我好能量吧。吊蘭只是擺在那裡，**就靜靜的撫慰了我的心。**

照顧它讓我學會包容

因為它是植物，所以我必須好好照顧它。其實我不像嬸嬸那麼喜歡植物，我覺得每天照顧有一點麻煩。不過這是人家的心意，要是枯了我也過意不去，所以我很勤勞的澆水。

習慣之後，我越來越喜歡這盆吊蘭了，「之前還那麼小，沒想到葉子現在長這麼大了」，或是「快要開花了，一定很可愛吧。」我覺得盆栽簡直就像我的孩子，我非常溫柔的對待它。

以前我對於植物從來不曾抱持著特別的感情，長期照顧下來，我還會為它們每天的成長而感動。

還不只是這樣。照顧吊蘭還帶來意料之外的效果。

那一陣子，我跟朋友起了一點爭執，後來又和好了。因為我們只看到對方的小缺點，「你別這樣哦」於是彼此說了一些刺耳的話。可是在照顧吊蘭的過程中，我似乎更能包容別人，能夠接受對方的缺點。

而且父母跟老師都說我「**越來越常笑了**」哦。

只不過是照顧植物，沒想到自己卻感到越來越幸福了。

沮喪的時候就照顧植物，跟它說話

隨著大考的腳步逼近，書唸得不理想的時候，我通常會感到很沮喪。真的考得上嗎？有時候我甚至感到不安，差點要哭了。

在這種時候，吊蘭也助我一臂之力。

當時我已經非常喜歡吊蘭了，還幫它取了一個名字叫「小吊」，對它呵護倍至。澆水的時候，我還會對它說話，「小吊，我考得上嗎？」

對方是植物，當然不會回話。我只是自顧自的說話。

儘管如此，我還是感到很安心。我明明只有澆澆水、說說話而已。我想大概是因為我看了吊蘭漂亮的綠色，心理感到很安心吧。再加上我可以把煩惱說出來，心情也舒坦了。

後來，只要我有煩惱，我會在照顧小吊的時候跟它傾訴。進了大學之後，我當然也把吊蘭帶到我的新住處。

只要在房間裡放觀葉植物，**氣氛就更華麗了**。勤於照顧時，就**有心包容別人**。沮喪的時候跟它說話，也能**感到安心**。觀葉植物就像是自己的孩子，也是一個不說話的心理諮詢師。只要愛護它，它就是一個非常好的心靈支柱。

熱情開關 18

靠音樂進入「專注領域」

法學部三年級 君島由香里

■高中⇩長崎縣公立高中
■錄取⇩應屆
■志願⇩律師

終極專注力——「專注領域」

我需要專注的時候，總是借助音樂的力量。

原因並不是不聽點聲音會感到無聊。而是聽音樂可以讓我進入專注的「領域」。

運動選手在比賽的關鍵時刻，經常都會發揮專注力，感受到這個領域呢。像是職業高爾夫球選手，非常專注的時候，在揮桿把球敲出去的那一秒，還能看見球的軌道，瞬間浮現球靜止的畫面之類的。

雖然我無法到達那個境界，可是我在重要時刻也會進入「專注領域」，也就是發揮火災現場的爆發力。我需要的助力就是音樂。

我高中時一直在練習射擊。

當下的心理會對射擊造成很大的影響哦。如何穩定精神呢？如何才能集中呢？

經過多次從錯誤中學習，我終於找到「專注領域」的存在了。

具體來說，參加大賽時，在輪到自己上場之前，我會一直閉著眼睛，戴上耳機。聽音樂的時候，我可以創造一個屬於自己的空間。

一開始我只是聽著音樂，不久我的意識就會自然的從音樂中抽離，進入一個感官上的完全寂靜。雖然音樂還在播放，不過我已經不知道現在播的是什麼曲子了。

輪到自己上場的時候，我會請別人拍拍我的肩膀。這時我才第一次睜開眼睛，摘下耳機。

這麼做讓我的腦袋非常清醒，不管旁邊跟我同場的人犯了什麼失誤，周圍有多吵，**我的腦袋都很安靜**。我可以在心無旁騖的狀態下瞄準目標。

唸書時也把音樂當道具

另一個例子是準備大考的時候。每次坐在圖書館裡，我就會戴上耳機聽音樂。這麼做就能擋掉身邊的雜音，**進入自己專屬的空間**。

一開始是想邊聽音樂邊唸書，可以帶來好心情，不久我的意識又從音樂中抽離，專注於眼前的筆記本和參考書上。等我回神之後，我發現我已經聽完一張專輯了，連 iPod 都沒電了。

有些人可能跟我一樣聽音樂，反而會把注意力放在音樂上。有些人不能聽到歌聲，有些人連有聲音都不行。每個人進入「專注領域」的條件好像都不一樣呢。

所以我不曾勉強朋友，要「大家現在開始聽音樂吧！」請大家找出自己集中的方法，即可瞬間提高自己的專注力。一旦了解如何進入自己的「專注領域」，人生也會跟著改變哦。

熱情開關 19

把失敗的理由寫在紙上

文科三類一年級 坂本由里繪

■高中⇩茨城縣私立高中
■錄取⇩重考一年
■志願⇩未定

沒考上東大的理由有100個

「怎麼辦，我搞砸了……」

犯下無法彌補的過錯，陷入低潮的時候，大家會怎麼做呢？有些人會找家人、朋友或男女朋友聊一聊，有些人則是聽聽音樂，或是去唱KTV，轉換心情。

可是我完全不需要旁人的建議或是借助書本的力量。我只需要紙跟鉛筆。每次失敗、沮喪的時候，我都會準備一張白紙，將所有我想得到的失敗理由都寫下來。

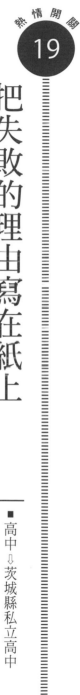

寫完三十個之後，**不可思議的事情發生了，我覺得心情比較輕鬆了**。靠著這個方法，我大學落榜的時候，跟朋友吵架的時候都不曾陷入低潮，馬上就能重新站起來。

我開始把失敗的理由寫在紙上，是在第一次考大學時，東大落榜的時候。自己這麼說好像有點奇怪，可是當時我在高中的成績很好，朋友們全都說：「由里繪一定可以進東大。」模擬考我也拿過好幾次頂標，連我都相信自己一定會考上。

可是拆開成績單的結果是未錄取。我不知道為什麼會失敗，受到很大的打擊。班上同學也在傳「沒想到由里繪會落榜耶……」，我感到很受傷。即使當了重考生，我還是無法從打擊中復原，根本唸不下書。我覺得再這樣下去不行，於是去拜訪關係不錯的高中導師，跟他談這個問題。

「我不知道為什麼會落榜。我覺得重考一次也不會考上，不知道該怎麼辦才好。」

當我跟老師這麼說之後，老師說道：

「把所有你想得到的原因寫出來，不管是多小的原因都要寫下來。」

他給我一張白紙。過去我從來沒有想過為什麼會失敗，現在要我具體寫在紙上，於是我寫出了許多意料之外的小原因。

像是「我覺得自己的數學不夠強，不過英文很厲害，所以我想靠英文補足」、「因為考到頂標，所以鬆懈了」，還有一些芝麻小事「考試當天我在車站絆了一跤，很不吉利」，連這種事我都寫出來。把所有自己想得到的原因都寫下來之後，我發現失敗的理由竟然超過一百個。

根據失敗的理由做一個TO DO LIST

把所有失敗的理由寫下來之後，沮喪的心情不可思議的放鬆了。「有這麼多的理由，怪不得沒考上。」

於是我坦率的接受失敗的事實。倒不如說，只要排除所有失敗的原因，下次一定能上榜！我變得更積極了。

為了更積極努力，我重新檢視「失敗理由清單」，做了一份TO DO LIST。「從頭開始學習我不拿手的數學」、「考到頂標也不可以鬆懈」，為了不再重蹈覆轍，我把該做的事情寫下來。完成「避免失敗的TO DO LIST」之後，我堅信只要完成這個列表，就不會再度失敗了。

「徹底做好上面寫的事吧！」

我的熱情與自信又復活了。這個方法也可以用在唸書以外的地方。

跟朋友吵架的時候，我會追溯之前的對話，寫出哪些語句傷了對方，或是讓對方生氣。如此一來，我就能反省自己的過錯，平復生氣與悲傷的心情。然後我會看著「理由清單」，思考如何向對方道歉。

突然被男友甩了，我想不到自己錯在哪裡，如果只是單純的想：「算了吧」就拋諸腦後，事後一定會悶悶不樂或是煩惱吧。為了避免事情演變成這個地步，請想辦法逼自己把原因寫下來。像是「因為他心情不好」，或是「小時候我欺負公園池塘裡的烏龜，所以遭到天譴了」什麼原因都無所謂（笑）。只要找出無法如願的理由，就能把壞心情一掃而空。

熱情開關
20

請別人誇獎自己

法學部三年級 奧田麻衣

■ 高中 ⇩ 和歌山縣私立高中
■ 錄取 ⇩ 重考一年
■ 志願 ⇩ 國家公務員

獲得肯定時，心情好輕鬆

當我沮喪的時候，會請好朋友為我做一件事。我會請他們誇獎我。

像是高中二年級的冬天，我參加補習班的模擬考，沒想到根本沒達到目標的六成。我真的很沮喪，好幾個月都處於憂鬱狀態之中。

在那段期間裡，我當然還是正常去學校，只是到第二堂課之前，我在教室裡連頭都不敢抬起來。看到別人在笑的時候，我就會感到煩躁。現在回想起來，連自己都不敢相信呢。當時我的朋友實在看不下去了，對我說：「有什麼煩惱就跟我說吧。」於是我拜託他，「不好意思，**請你誇獎我**。」

於是朋友說：「麻衣的國文成績一直是全學年最高的吧？妳不就有絕對優勢嗎？再怎麼說，考試就是要看作文能力啊。」

他說出連我自己都沒有自覺的優點，肯定我的存在，於是我感到胸口的重擔消失了。獲得想法客觀的人肯定，**為我帶來很大的自信**。因為朋友的一番話，讓我脫離憂鬱狀態。

找到只屬於你的伙伴

為什麼我會做這種事呢？認真說起來，也許是國小的時候，我擁有「只屬於自己的伙伴」吧。

我國小二年級的時候就開始上補習班了。也許很多人認為「這麼小就開始唸書，很辛苦吧。」沒有錯，只有我不能跟朋友一起玩，留下許多寂寞的回憶，我也很討厭每次都要為了作業挨父母的罵。可是我之所以能一直唸書，是因為我擁有「只屬於我的伙伴」。

那就是我的爺爺、奶奶。每當我努力上補習班，考了好成績，他們一定會誇獎我，「好厲害哦！」、「麻衣好認真耶！」

父母親好像曾經對他們抱怨，「不要太寵麻衣」，對我來說，每次努力一定都能獲得讚美，祖父母的存在非常寶貴。

像是被父母罵的時候，當我覺得寂寞的時候，有一個「只屬於我的伙伴」，對孩子來說，這是一種強而有力的依靠。

越親近自己的人，說的話越能打動人心

現在我把這項任務交給我的朋友。

雖然是肯定的話，如果只是嘴巴上說說，或是當場安慰你，無法打動人心。如果話是從了解自己的人口中說出來的，我就能夠重新振作起來。

等到我進了大學之後，因為生病的關係決定留級，我因此自暴自棄，當時的好朋友對我說的話是至今最能打動我的一句話。

「麻衣人很好哦。笑起來很可愛，又很聰明。請不要否定我認同的麻衣。」

其實說這句話的人，在高中的時候一直是我的競爭對手。雖然沒有什麼理論或是依據，正因為是競爭對手說的話，所以我才能想：**「這個人認同我耶，我不是沒有用的人」**，讓我的心裡暖洋洋。

「誇獎我！」看在別人眼裡實在很丟臉，對方也會覺得麻煩吧。其實朋友偶爾也會對我說「你也誇獎我吧」，這時我也會感到很不好意思呢。

可是我認為能夠互相誇獎的朋友關係非常重要。比起一個人躲起來煩惱，這麼做更容易振作起來，加深彼此的關係。

今後我沮喪的時候，也打算對朋友說「請誇獎我」，請他們對我說一些好聽的話。不要想什麼「事到如今還要別人誇獎，好丟臉哦」，自己伙伴說出來的話反而更健康，更具建設性吧。

第4章

相信言靈的力量

熱情開關 21

討厭的時候也要說「謝謝」

理學部三年級 本田翔太

■高中⇩神奈川縣私立高中
■錄取⇩重考一年
■志願⇩物理學者

臨時取消約會也要說「謝謝」

遇到討厭的事情時，我一定會說「謝謝」。

例如非常渴的時候，家附近的自動販賣機卻故障了，不得不到遠一點的便利商店。這種時候說句「為什麼故障了，好麻煩哦」來抱怨非常簡單。可是這麼做只會形成壓力。

所以我刻意轉換想法，「為了恢復精神，正好去散個步吧。」更進一步的心懷感激，「謝謝你讓我有機會散步，感謝你壞掉，自動販賣機！」這麼做就能化解一開始感到的焦慮，至少不會覺得不舒服。

也就是轉換想法，以及感恩。

說到感恩，聽起來可能有點像什麼宗教。只要大家隨時保持「感謝」的心情，**遇到討厭的事情也會覺得很愉快**哦。

在補習班打工的時候也是這樣。有人臨時請假，所以我必須幫忙代課。其實那一天我正好要約會，坦白說我也很猶豫。可是補習班找不到其他人代課，他們也很困擾。如果我不接的話，也會造成孩子們的困擾。「這件事也許有什麼意義吧。」於是我接下代課的工作。

當時，我的心裡當然感謝了好幾回，「感謝這個機會，能夠幫A同學代課。」「為什麼非找我不可呢。」於是這個負面的情緒消失了。坦白說，我甚至有點恨臨時請假的A同學，不過當我反覆說「謝謝」的時候，憤恨的情緒已經消失得無影無蹤了。事後我當然有好好補償女朋友（笑）。

為什麼我會這麼想呢？這都是奶奶的教誨。

我是奶奶帶大的孩子，經常跟奶奶玩在一起，奶奶是那種對萬事萬物都心懷感激的人。

吃飯的時候，奶奶一定會說：「我們要感謝農民哦。」就連我被朋友揍，哭個不停的時候，她竟然說：「這樣啊，很痛吧。你不可以恨山田同學哦。要感謝他哦。」當我說：「為什麼我非得要感謝揍我的人呢？」時，奶奶溫柔的對我說道。「現在翔太已經了解痛苦是怎樣了哦。所以翔太不會去揍別人了吧，真是太好了。」

轉換想法，心情更輕鬆

當她用包容的笑容這麼說的時候，還是個孩子的我也覺得「原來如此」，莫名其妙的接受了，於是我完全忘記要對揍我的朋友生氣了。

老實說，我小時候不太懂奶奶的理論。可是現在已經長大成人了，我總算能理解奶奶想教我的事情了。

奶奶的教誨就是潛移默化的讓我學會「不管是好事還是壞事，全都是讓自己往前邁進的伏筆」。

現在我對於身邊發生的事情，所有的事物，都會刻意說「謝謝」。

我想奶奶說的**「感謝揍你的人」**是一個極端的例子。實際上，被揍之後還能說：「感謝你讓我成長」的人，應該很少見吧。我還沒到達那樣的境界。

這種時候，我都會想起奶奶的教誨。

「抱持著『好討厭哦』、『可恨』、『不甘心』等等陰沈的心情時，你的心就像在下雨哦。可是啊，只要你想著『謝謝』、『好高興』、『好幸福』，你的心就是個大晴天。」

遇到好事就感謝、開心，這是很簡單的事。可是奶奶說我們應該反過來，只要抱著「感謝」的心情，「值得高興的好事」就會主動找上門。

現在我依然半信半疑，應考的時候，模擬考沒考好的時候，我總是不斷說著「謝謝」，所以沒陷入沮喪當中。當時，我的身邊可是掀起了一股「謝謝」熱潮（笑）。

我不知道是不是「謝謝」帶給我的好運，不過我敢保證，沒有這句「謝謝」，我一定無法進東大。

不說負面用語

理科二類二年級 朝倉沙紀

■高中⇩茨城縣私立高中
■錄取⇩應屆
■志願⇩製藥公司

「言靈」體驗

我平常不會說負面用語。

因為我相信「言靈」的存在。所謂的言靈就是指說出口的話，會對現實的事造成影響哦。說好話就會發生好事，說不好的話則會發生壞事。簡單來說就是這樣。

舉例來說，當我們說「好倒楣哦」或是「好像快下雨了」的時候，這些事情好像都會成真。國中的時候，我曾經跟朋友吵架，當時還說「小A妳最好骨折算了。」過了一陣子之後，當事人的腳真的骨折了。

你最好受傷算了，這當然是玩笑話。我完全不想讓事情成真。可是小A真的受傷了。於是我心裡一直有股罪惡感，「小A受傷是不是跟我有關係？」

聽媽媽說了「言靈」的存在

因為國中時的體驗，我開始想「我說的話是不是都能成真」。到了高三之後，有一天我聽媽媽說了言靈的事。

當時我被大考逼得喘不過氣，有一題數學怎麼也解不出來，我感到非常不甘心，非常不安，於是哭了起來。我想找人傾訴我的心情，於是跑出書房，向媽媽哭訴。

「怎麼辦？我算不出來啦。這樣下去我一定會落榜啦，怎麼辦？」

我哭著說完，媽媽溫柔的摸摸我的頭，說道。

「不可以說這種話哦。**這個世界上有言靈哦，說出口的話真的會實現哦！**」

這正是我從國中時一直在思考的事情。

言靈聽起來好像什麼靈異事件吧。我從國中的時候就這麼想，老實說我一直半信半疑，怕別人說我奇怪，所以我一直悶在心底。

可是媽媽在出版社當編輯，因為她是一個每天都要面對文字的人，從她嘴裡說出來的言靈，似乎很有說服力。

後來我很小心，再也不說負面的話了。

一句話就能改變心情

到了現在，我是覺得言靈聽起來好像怪怪的，應該有人不相信吧。可是我認為**言靈可以算是一種戒律**吧。

像是高中的我，考試前說了「沒考上該怎麼辦?應該考不上吧，好難過哦。」聽到這句話之後，回饋到自己的心裡就成了「沒有錯，我很沮喪，我可能會落榜。」於是我心情很低落，無法專心，形成不好的連鎖。

這就是言靈的真面目。

反過來說，只要我們說一些正向的話，就能抱著正向的心情。

我在準備大考的時候，只會說一些「我一定要考上☆」這類積極的話。我心底當然很不安，可是我一直不斷說著我會錄取，這句話自然進了我的心底，讓我更加積極。

進了大學之後，我曾經當過社團的社長，在活動正式開始前，我只會說「好開心哦」、「一定會很順利哦」之類的話。這麼做不會讓其他人感到不安，跟應考的時候一樣，都能激勵自己。

請不要再說負面的話了，改說正面的話吧。這麼做之後，我似乎更喜歡自己了。

熱情開關 23

試著說「算了吧！」

醫學部三年級 松藤成美

■高中⇩東京都私立高中
■錄取⇩應屆
■志願⇩婦產科醫生

緊張的時候一樣要說「算了吧」

生活中總會遇上緊張的時候吧，像是考試，或是作簡報的時候。可是我完全不把緊張當一回事。

一旦開始緊張，我們只會一直意識到緊張這件事，無法集中在重要的簡報或是考試上了。「怎麼辦，我好緊張哦，該怎麼辦」當你正在想這件事的時候，就無法忘掉自己很緊張。

乾脆說句「算了吧」，把它放下吧。

東大入學考那天也一樣。

第一天考國文的時候，我在答題時有一點緊張，不曉得為什麼，腦袋裡突然響起花式溜冰的淺田真央選手在自選項目使用的曲子──「化妝舞會（Masquerade）」，一直揮之不去。

剛開始我很焦躁，「咦，為什麼現在會想到這首曲子呢？好煩啊。」當我越把心思放在音樂上，反而更介意它了。

於是我乾脆放棄如何不去想這首樂曲，心裡想著「啊，這是淺田真央用的音樂，雖然一直播個不停，算了吧。」

不可思議的事發生了，當我放棄之後，原本覺得音樂很煩，後來反而能夠配合曲子順利的作答。

我在失敗的時候，也會用「算了吧」。我上的高中同學們大多以東大為第一志願，那我也考東大好了，我就在朋友的影響下，以東大為志願。某一天，我突然浮現一個念頭，「沒考上該怎麼辦？」當時，我的心裡瞬間掀起一股波濤。

於是我提醒自己，我並沒有強烈想進東大的欲望，要考醫學系的話，重考兩、三年好像也很正常。

每次只要想到「也許會落榜」，我就會立刻想「反正人都會失敗，**沒考上也不會死。**」

我實際上失敗的時候也是這樣。

大考第一天，第一個科目就是我最不拿手的國文，我考得一塌糊塗。正常人都會感到沮喪，可是我靠著「算了吧」撐過去了。

我對自己說：「考試又不是只考國文，考壞了也沒關係。反正還能靠其他科目彌補，算了吧。」如此一來，我幾乎完全沒受到影響，繼續考下一個科目。

如果當時我感到焦慮，一直介意沒考好的國文，應該會影響到接下來的科目。事實上，我也有同學的某些科目沒考好，一直耿耿於懷，結果非常慘。

「算了吧。」

想到過去漫長的應考準備，這個想法需要一點勇氣。不過事情都已經過了，無法挽回了。如果現在就放棄，還要再唸一年書。

良性的放棄。這麼做自然能夠轉換心情。

熱情開關 24

問自己是否盡了最大的努力

經濟學部三年級 高橋祐樹

■高中⇩神奈川縣私立高中
■錄取⇩應屆
■志願⇩會計師

不想後悔的話，現在就要努力

每天早上起床，我都會對自己說：「今天也要盡最大的努力。」睡覺的時候，我也會問自己：「今天有沒有盡最大的努力呢？」

為什麼我會這麼做呢？因為我的人生目標是「活出沒有遺憾的人生」。人生不想後悔的話，必須隨時盡最大的努力。

假設我偷懶好了。如果因為偷懶的關係，沒辦法達到最好的結果，該怎麼辦呢？這個時候我們就會後悔。這種時候，**幫自己找藉口也是憑添空虛**。所以我要盡最大的努力。

隨時都保持熱忱當然會很累，平常我只是輕鬆的想「老實說有點麻煩，可是我不想後悔，再加把勁吧。」差不多只是這種程度而已。

重要的時刻就會轉換成熱血模式，「現在我是否盡了最大的努力？真的不會後悔嗎？」我用這種方式保持平衡。

我之所以會抱著這樣的觀念，是因為我曾經遇過非常後悔的經驗。我高中的時候參加桌球社，最後的比賽我輸得非常難看。其實我們高中的桌球社並不是很強。經常初賽就輸了，只要打進縣大會，全校就會熱鬧好一陣子。我們高中的程度差不多就是這樣。可是我高三的時候，在我的高中生活中，第一次拚到再贏一場就能進入關東大賽的地步。

我的運氣很好，對手在練習賽時曾經是我的手下敗將，實力比我弱。因為這個關係，初賽對我相對有利，於是我開始思索：「這下子有機會了嗎……？」可是我的欲望越來越強了。

「我應該會贏這個傢伙吧，快點打進關東大賽，下一場也獲勝吧。所以現在我要保留體力。」就是因為這個多餘的念頭，於是我鬆懈了。

下一秒，對方的發球落在我的台區。開球得分。

我一直都能夠接到對方的發球，突然沒辦法回擊了。

「慘了，這是一個我必須認真面對的對手。」

等我領悟這件事的時候，已經來不及了。我已經陷入焦慮、混亂當中，節奏全都亂了，失誤連連。最後當然是逆轉敗。人生中第一次也是最後一次進入關東大會的機會，從我的手心逃走了。

比賽之後，因為後悔，我受到嚴重的打擊。這是一場原本該獲勝的比賽。而且還是關係到我能不能進入關東大賽的重大比賽。因為我鬆懈了，所以輸了。

這場失敗的比賽對我來說，讓我深切體認到盡最大努力的重要性。

以自我為中心活著

自從在縣大會落敗之後，我再也不想面對那樣的後悔了。

我聽一位重考的學長說，「考試落榜的人幾乎都會後悔，因為自己沒盡最大的努力。」

於是我想：「那我只要反過來想，**盡最大的努力，應該能考上**吧？」即使書唸到一半想偷懶，我還是會告誡自己：「你這樣敢說盡到最大的努力嗎？萬一落榜了，你想要為了當時的偷懶後悔嗎？」這麼做能讓我認真的唸書。

由於「盡最大努力」的想法，我衍生出「以自我為中心活著」的想法。自我中心通常給人不好的印象，可是我覺得自我中心應該超越這個壞印象。

行動的時候，隨時設想對自己是否真正有利。「自我中心」的人給人「任性」的感覺，如果真的以自我為中心設想的話，不應該說一些任性的話討人厭吧？盡最大的努力也是同樣的道理。偷懶之後，如果失敗了，應該會想到當時敗戰的我，受到後悔的苛責吧。這麼做才不是真正重視自己的行為。

偷懶一下下的快樂，失敗時的悔恨。把它們放在天秤上比較，就知道哪一種對自己有利吧？對我來說，不要後悔比較重要。

不管遇到多麼辛苦的事，只要能夠超越，全都會成為自己的助力。所以我們只能努力。這就是我的行動原則。

熱情開關 25

試著說「好像很有趣！」

理科二類一年級 石塚幸平

■高中⇩東京都國立高中
■錄取⇩應屆
■志願⇩生物學家

湧現興趣的魔法咒語

覺得沒什麼興趣的時候，試著說：「好像很有趣！」吧。對我來說，這是按下熱情開關的魔法咒語。

只要說：「好像很有趣！」就會充滿熱情，也未免太好康了吧？可是每當我吟唱這個咒語時，本來覺得「好討厭哦，真不想做……」的事情，都不可思議的湧現興趣，覺得很想試試看。

教我這句咒語的是我的高中同學Y。當我對他抱怨：「世界史好無聊哦，唸起來好痛苦。」

他告訴我：**「如果自己覺得不有趣的話，不管過多久都不會愉快哦。」**

因為我高中是第二類組，所以對世界史非常不拿手。可是我們高中規定這是必修科目，所以我必須修這門課。雖然心裡想著「這是必修，一定要上」可是我對於世界史完全沒興趣。

課本上的「馬可．奧里略．安東尼」或是「新教倫理與資本主義精神」，對我來說，就是一堆沒有意義的國字排在一起，光看都覺得煩。

Y同學建議我：「先查資料集，上課就會更有趣了。」勉強背這些詞真的很痛苦，自己調閱與學習，自然就會感興趣了。

我本來覺得他說得很荒謬，可是Y同學說重點是不喜歡也要認為「好像很有趣！」，自己查閱。回家之後，我決定試著在資料集中查閱「馬可．奧里略．安東尼」。

「馬可．奧里略．安東尼好像是個很有趣的人物耶～」

我這樣告訴自己，心不甘情不願的翻閱資料集。

沒想到讀資料集真的很有趣。安東尼的雕像照片是一個鬍子大叔，讓我大笑，書上也寫著他拚命忍耐權力鬥爭的情形，最後被壞掉的起司砸死了……，我覺得安東尼就像一個親近又迷人的人物。這是我第一次對世界史感興趣。後來我也積極的閱讀資料集預習，上課時認真提問，考試成績也進步了。

幫自己找更多「頭緒」

原來「世界史很無聊」只是我的固有觀念。拜Y同學之賜，我才發現只要自己感興趣，好好努力，凡事都能得心應手。

後來，只要遇到乍看之下很無聊，完全沒熱情的作業時，我也會說「好像很有趣」，積極的面對。

「好，來做這個吧！」之所以沒有熱情，都是因為你對這件事一點也不感興趣。相反的，只要認為各種事物「好像很有趣！」，那麼你感興趣的範圍將會越來越廣，凡事都能滿懷熱情。

舉例來說，我現在感興趣的事情包括書法、排球、古典音樂、魔術、佛像、旅行、世界遺產、生物學、AKB48……形形色色。凡事只要說「好像很有趣！」就會越來越感興趣。

也許大家認為這樣也太濫情了吧。可是有興趣的對象當然是越多越好。當你豎起越多的興趣天線，聽到各種話題馬上就有頭緒，「啊，我知道這個哦。」比起完全沒興趣，有點頭緒才會積極聽對方說話，或是主動查閱吧。我對每一件事都會說：「好像很有趣！」結果我多了不少主動積極面對事物的機會。

我想多多少少也是因為自己感興趣，才能夠努力吧。

「我不想做這麼無聊的事」，如果你這麼想的話，不妨先吟唱「好像很有趣！」的咒語吧。

第5章 擬定計畫

製作自己的筆記本

醫學部五年級 北尾佑真

■高中⇩大阪府私立高中
■錄取⇩重考一年
■志願⇩內科醫生

向過去的自己借鏡

我曾重考一年，剛去補習班的時候，補習班要我分析自己「為什麼落榜？」對我說：「你唸了多少書？唸書時的心情如何？請把這些寫下來。」

實際分析自己之後，我發現我很不會控制自己的情緒，通常都在煩惱尚未解決的情況下強迫自己唸書。為了控制自己，也為了掌握自己心裡的想法，於是我開始製作「自己的筆記本」。我買了一本手札本，不斷的記錄。

記錄 TO DO LIST 與心情

每個星期我都會先在有日期的欄位寫上行程表與讀書計畫。例如「圖表式78～80頁，英語作文十題，中論考古題兩題，模擬考還剩六天」之類的內容。寫上計畫之後，我就會分配時間。空白處則寫上每天的心境、煩惱或是情緒。例如「今天真的超沒勁」、「中論的潤飾一次完成，讚！」、「真怕看到模擬考的成績」等等。不管是正面的情緒還是負面的情緒，把自己的想法統統寫下來。

在自己的筆記本上吐露自己的心聲之後，煩躁的心情頓時輕鬆不少。可是寫下來只是暫時的解決之計。如果又發生同樣的狀況，也許我又會感到同樣的煩躁。所以我**每天都會挪出一點時間回顧，分析自己的心境**。

舉例來說，如果覺得「今天唸不下書」的話，也許是因為「在數學上花了太久的時間，所以才會這麼想吧，解出那個問題的確花了很多時間，根本沒消化預定的八成」。經過整理之後，慢慢就能掌握自己的情緒與思考模式了。

模擬考之後，如果拚勁減低了，我會設一個目標，例如達成之後買漫畫犒賞自己，做好某種程度的因應策略。覺得不太順的時候，我會再次檢視手札，以客觀的角度分析事物，重新振作心情。

記錄日常中的每一件事

其實，結束應考生活之後，現在我還是保持記錄自己的習慣。這次不是寫手札，用的是一般的大學筆記本，每天睡前我都會寫下「今天做了什麼，想了哪些事」。

寫的內容不一定跟唸書有關。如果是我參加的籃球社，有練習的日子會寫做了哪些練習，如何做動作，有沒有應該改進的部分，也會寫兼職當家教的事情。我會寫下各種情況的想法。

例如我翻了昨天的筆記本，內容如下「●月●日，打工。第四堂課延長了，所以差一點遲到。真不好意思。安排打工時應該考慮上課時間。反省。今天一直在教數學期末考。成績進步超出我的預期。可是學生還不太會用我教過的公式。我花了不少時間教耶……蠻沮喪的。是我教的方式有問題？↓沒有排定每次休息前的進度。↓是否要經常休息呢？」有點像日記，基本上是記錄。

自從開始製作筆記本之後，我**面對事物的態度改變了**。舉籃球的例子來說，以前我總是隨自己的心情改變練習內容。可是現在養成分析的習慣，會先思考怎麼做才能鍛鍊自己的技巧，想要跟隊友培養默契時，該怎麼辦？我現在會先思考才行動。

製作自己的筆記本之後，自我管理就更簡單了。我也更喜歡自己了。「我蠻單純可愛的嘛」、「原來我平常都在想這些事啊」，看自己的筆記本時，感覺自己像是自己的伙伴，越來越喜歡自己。我想，記錄自己是一種非常方便的自我控管手法。

計算唸書時間

理科二類二年級 廣瀨義弘

■高中⇩東京都私立高中
■錄取⇩重考一年
■志願⇩生技業界

碼錶的開關＝專注的開關

每次我必須坐在書桌前時，一定會準備一個工具。計量作業時間的碼錶。

「來唸書吧！」、「來工作吧！」儘管心裡這麼想，卻無法進入狀態，一直拖拖拉拉的，你有這樣的經驗嗎？明明很清楚現在要認真，可是不小心就在筆記本的一角塗鴉，或是上網亂逛，等到回過神來，才發現又過了一個小時……。

我想這是每個人都曾經遇過的失敗經驗。

只要使用碼錶，再也不會讓你散漫的唸書或工作了。我在高中三年級的暑假開始使用碼錶。放暑假之前，學校發了一張「唸書時間記錄卡」給我們。

我們高中是很積極的升學學校，學校表示：「暑假就是應考的天王山。請在四十天裡唸五百小時的書。」（註：天王山位於日本京都，豐臣秀吉與明智光秀曾經在天王山打過一戰，最後由豐臣秀吉獲勝，後來取得天下，因此日本俗語有云「決定天下的天王山」表示天王山非常關鍵。）暑假前的最後一次班會，導師發給我們這張紙，要我們記錄暑假期間的唸書時間，要以分為單位，記下每天唸了多久的書。

「五百小時？怎麼可能（笑）」儘管心裡這麼想，不過我的個性很認真，從暑假第一天起，就計算並且記錄下唸書的時間。

剛開始我會看書桌上的時鐘，可是算時間太麻煩了，所以改用碼錶。一般的鐘在一天結束時還要計算「今天的總唸書時間」－「休息時間」。如果用碼錶的話，中斷作業休息時，只要按暫停就好了。只要看一眼就能得知今天到底唸了多久。

用碼錶原本是為了計算時間，開始用的第一天，我就發現它的另一個效果。作業時如果把碼錶放在旁邊，能夠讓我的注意力非常集中。

碼錶的畫面是以一秒為單位顯示時間吧?看到秒數不停的變動,「糟了,發呆的時候時間已經一分一秒的流逝了……」,形成良性的「焦慮」,懶漫的心情全都沒了。我像是被碼錶的數字追趕,非常認真的唸書。

以數字證明「努力」

每天記錄測量的時間,看數字就能確認自己有多努力了。一天結束時,只要看一下碼錶,就知道自己今天唸了幾個小時。我每天晚上都把唸書的時間記錄在紙上。

如果不計算時間的話,「今天好像很努力」只能感到曖昧的感覺,無法評量自己的努力。可是計量時間之後,即可客觀的確認自己的努力。

最後我暑假的唸書時間長達四百八十小時。480這個數字為我帶來莫大的信心。而且這四百八十小時是「被碼錶的數字追著跑,非常認真唸書的四百八十小時」,我想應該很緊湊。

熱情開關 28

擬定大目標、中目標、小目標

法學部三年級 本間鐵平

■高中⇩靜岡縣私立高中
■錄取⇩重考一年
■志願⇩創業

高效率的處理才是最好的做法

我在做任何事之前都會思考「如何才能在最短時間內，最有效率的處理」。舉例來說，一本參考書也是這樣。只影印需要的部分，彙整成小冊子，再用來學習。**無視對考試沒有用的部分**。這樣既不會佔空間，移動中或是空檔都可以拿出來看，可以有效利用時間。

我也不使用筆記本。現在也是這樣，我只會選出上課時會用到的部分，抄寫在B4的白紙上。想要把筆記抄得漂亮一點，或是彙整都會花掉不少心思吧？筆記本來的目的就是理解上課的內容，根本不需要特別做筆記。

就像這樣，我的日常生活已經完全以「如何合理的行動」為中心了。

上而下的簡單思考

想要達成某個目標時，我覺得最有效的方法是擬定「大目標、中目標、小目標」等三個目標。使用這個方法之後，我就能擬定最有效率的計畫。

首先，一開始要先擬定大目標，是所有的基礎。

接下來，要達成大目標應該怎麼做呢，彙整中目標。

最後則達成中目標的方法，思考小目標。

舉例來說，我參加網球社，所以大目標設定「在網球比賽中獲勝」。由於我的發球比較弱，所以中目標是「提高發球的準確度」。這樣一來，小目標就可以列出「為了避免上半身晃動，應鍛鍊下半身」，「學習準確度比較高的新式發球」。

像這樣，將目標分成三階段來思考，就能釐清自己該做什麼了，訂定練習計畫時也很方便。

利用上而下方式（Top-down model）思考，不用想得太困難，**可以簡單的設定目標**。這個方法不會讓計畫生變，也容易彙整自己的想法，非常方便哦。

在學生會學習管理

為什麼我會採取這種做法呢？這是高中時期，老師給我的建議。

當時我擔任學生會長，為了運作學生會，我很煩惱「如何運作組織呢？」，於是擔任顧問的老師建議我：「為了達成個人無法完成的結果，必須調整複數人員的活動與資源，有效率的運作。」管理術。主要目的是朝向目標，如何有效率且正確的運作。

我利用這個想法運作學生會。

例如我的大目標是讓文化祭成功。

那麼我應該做什麼？怎麼做呢？我必須順利的運作每一個攤位、表演、展覽等等活動，並且炒熱氣氛。

這樣一來，我應該派遣每個班級的班長負責各項活動，由活動部長統籌所有的負責人，掌握每個人的工作內容，指揮系統就不會混亂，應該可以順利運作。統一所有攤位的帳篷，下達指示時也比較方便。接下來只要製作各項活動的規章，遵照規章進行即可。

我就是用這樣的想法安排與調度人力。

這個想法用在任何事都很有效。因為這個想法，我大學生活的所有事情均能有效率的進行。

熱情開關 29

活用手札本

教育學部三年級 齋藤恭子

■高中⇩福岡縣公立高中
■錄取⇩應屆
■志願⇩臨床心理師

短期觀點

當我為了某個目標擬定計畫時，只要我以一年為週期，採取長期觀點時，一定會半途而廢。

例如「一年內瘦五公斤！」看起來很簡單，可是仰臥起坐那些運動，能持續一個月就不錯了。

如果持續做下去，養成習慣之後應該比較輕鬆，可是我總是沒辦法撐到養成習慣。目標太遙遠了，所以我喘不過氣了。而且我還會想「最後再趕工就行了」，於是就偷懶了。這樣子計畫根本就無法實行吧。

所以升上高三之後，當我意識到大考時，我**擬定短期的計畫**。以錄取為最終目標，訂定五十天計畫、七天計畫、一天計畫等短期觀點。後來我一直苦思管理的方法，某一天，逛書局的時候看到『大考手札本』，於是我靈機一動「啊，全都寫在手札本子上就好了嘛！」

我準備了一本唸書專用的手札本，放在書桌的固定位置，每天都寫。

分析更輕鬆了

具體的做法是以五十天為單位，依照不同的科目列出課本與問題集的名稱清單。這就是五十天計畫。接下來，在每天開始唸書之前，參考這份清單，在手帳的跨頁月曆寫上科目與頁數。

照這個進度唸書，當然也會出現跟不上計畫的日子。這時則用紅筆寫上當天沒做完的部分。這就是一天計畫。到了週末會回顧手札，唸那些用紅筆寫的部分，全部唸完之後再把它劃掉。這就是七天計畫。

用這種方式，詳細寫在手札上，該做什麼就一目瞭然了吧。再也不需要煩惱「今天必須做那個，可是時間又不太夠……」擬定一天計畫之後，自己現在落後目標多少，分析起來就輕鬆了。寫了幾週之後，就能看出落後的傾向。當英語作文的習題落後時，即可增加時間，得知星期五通常比較累，就能減少負擔。可以配合自己的情況，訂定某種程度的對策。

看手札生信心

寫手札的最大好處就是**看一眼就能了解自己日積月累的努力**。看每一頁的小地方，就知道我做了該科目多少的問題集。看到寫得滿滿的頁面，就知道自己一個月唸了多少書。再看看被手垢染黑的手札，就能感受到自己擬定多少計畫。

過去我一直無法訂定計畫，按照計畫努力，所以每當我看到手札時，**「原來自己這麼有耐心」**、「這麼努力，我真了不起！太厲害了」，也多了不少自信。手札可以輔助計畫，也能維持熱情。真是一個一石二鳥的方法。

這個方法也可以用在興趣上。我很喜歡看電影，上了大學之後，實在有太多想看的電影，讓我不知道該如何下手。所以我這次準備的不是『大考手札』，而是「電影手札」。

先把想看的電影分類成院線片與ＤＶＤ，列出每個月的清單。每星期天再參考清單，把電影名稱寫在手札的月曆欄上。再按照計畫租片或是上電影院。週末再回顧手札，把看完的電影畫線刪掉，用這種方法管理。

準備一本管理自己的手札，用短期觀點思考，對於擬定計畫非常方便哦。當手札的數量增加後，也可以感受自己的成長，成了我私底下的樂趣。

熱情開關 30

安排優先順序

教育學部三年級 新井隆宏

■高中⇩青森縣公立高中
■錄取⇩重考一年
■志願⇩國家公務員

把每天當成遊戲

我有幾件想做的事，也有幾件不想做的事，經常不知道該從哪裡下手。所以我老是搞錯順序，結果就搞砸整個計畫。

例如我現在的工作是三份大學的報告、社團練習、跟女朋友約會、想看的電視節目，當我不知從哪裡下手時，在最後關頭選了電視，結果三份報告做不完，或是沒去練習，跑去約會。

所以這種時候我會先把「想做的清單」、「不想做的清單」全都寫下來，貼在牆壁上，安排優先順序之後再開始。也就是說，一件事做完再做下一件，這件事結束之後再做另外一件，依序行事。我覺得這麼做感覺很像在玩電動遊戲。

結束一個迷宮之後，就能前往下一個城鎮，新的角色登場，類似這種感覺。好像依序破關一樣，成就感更大了。

生活中的四個向量

我用**「生活中的四個向量」**來安排先後順序的標準。分別是「課業」、「戀愛」、「社團」、「朋友」等四個。

先將想做的事和不想做的事分類到四個向量，最後再安排優先順序，保持良好的平衡。

舉例來說，當我想要認真唸書的時候，我會縮小其他三者的比重，社團比較閒的時候，我會增加其他三者的比重。只要保持四者的平衡，即可減少麻煩，最重要的就是精神方面的負擔比較小。

重點在於要以四個向量中的何者為優先，清楚劃分四者的比例。

計畫無法順利實行時，大部分都是因為同時有太多要處理的事情，沒有分清先後順序所造成的失敗。只要分出四個向量的順序，事情就很簡單了。

假設全體為100，我的優先順序估比可能會是課業45、社團10、朋友20、女朋友25，不用想得太困難，照這個比例分配時間就行了。這件事我可沒跟女朋友說過（笑）。

比起這個也想做，那個也想做，不如簡單的分配，這樣子比較輕鬆吧。

起因是失戀

雖然有點難以啟齒，我之所以開始這麼做，是因為高中時期的失戀。

由於我的目標是東大，高三的時候自然覺得唸書很重要，可是我又想要玩社團玩到最後一刻，我也很重視高二時交的女朋友，也想跟朋友一起玩，反正當時的想法非常奢侈。

如果我要照我的計畫進行，表示社團一直玩到九月，每個月跟朋友玩一次，每個月一定要約會兩次。可是這是不可能的任務。

有一天，女朋友對我說了這段話。

「隆宏你到底想做什麼呢？想上東大呢？還是想跟我交往呢？還是要努力參加社團呢？我完全搞不懂呢。」

「一臉疲憊的跟我見面，我也不會高興哦，不要勉強出來約會吧？現在是你的關鍵時期，好好唸書吧。」

沒錯，我凡事都想要盡心盡力，所以找不到自己真正想做的事情。於是我覺得很累，就連原本應該開開心心的約會都成了義務。

在這一次之後，我就被女朋友甩了，因為失戀的關係，我才了解我應該讓自己想做的事保持平衡。我現在很感謝她。

熱情開關 31

將目標數值化

文科二類二年級　綿貫昌樹

■高中⇩高知縣公立高中
■錄取⇩應屆
■志願⇩創業

將努力化為數值

每次我訂定目標的時候，都會將它數值化。

舉例來說，準備大考的時期，我每個星期都會利用一、二次機會算出目標的分數。「我的志願科系的錄取最低標，大考是●分，第二次考試●分，和最新的模擬考結果相比，共計還需要●分」設定正式考試要考到幾分的目標，跟模擬考的結果對照後，計算出還需要多少努力。

比起毫無目的的努力，這麼做讓我知道英文要再多十分，國文維持現狀……之類的，**唸書時，每個科目都有具體的目標**，即可增強唸書時的效率。

用數字設定詳細的目標之後，即可依照所需的分數來分配唸書時間，燃燒自己的熱情。

實際上，我看了錄取之後公布的成績，分數幾乎跟我設定的目標差不多哦。看來客觀分析真的很有效吧。

從哥哥的失敗經驗中學習

這個方法是大我三歲，正在讀東大的哥哥教我的。哥哥跟我一樣，都是文科二類，進了經濟學部，可是他應屆並沒有考上。哥哥自我分析的結果是「總是沒有按照計畫進行」。

哥哥舉了一個例子，教我如何訂定目標。

「舉例來說，我們到第一次去的地方時，會覺得很遠吧？一直走，一直走，不知道什麼時候才會到，心裡很不安。這是因為我們不知道到終點的距離，所以沒有方向，不知道該走到哪裡。只要知道終點，就會發現原來在很近的地方。

證據就是當我們走同一條路時，第二次之後就不會覺得遠了。」

哥哥說唸書也是一樣的道理。

比起亂讀一通，計算與目標分數的差距後再唸書，效率比較好，**更重要的是精神方面也比較穩定**。

哥哥在應屆的時候，只是漠然的做問題集，並沒有什麼特別的目標。他認為只要一直做問題集，總會抵達終點，他就是這麼唸書的。可是哥哥用這個方法失敗了。因為他不知道自己該努力到什麼程度，所以沒有妥善分配節奏，每次都沒能照計畫進行。

把目標寫下來

哥哥歷經失敗之後，深切感到「目標越具體越好」。於是我聽從哥哥的話，將目標數值化。設定具體的目標，再分析與現狀的差距。思考還需要多少努力。這麼做維持了我的熱情。

實施這個方法時，還有另一個重點。將目標寫下來，經常更新。我每星期會計算目標分數一、二次。我準備了一本筆記本，專門用來寫計算的結果，每次計算完之後，就畫線把之前的數字劃掉，把新的數字寫在下面。先把目標寫下來，隨時都看得到，所以每次確認「還差●分」時，我都會湧現拚勁。

把之前的數字劃線後留下來，即可得知自己的成長情況。掌握自己成績的變化，回想起自己成長的條件，即可反映在今後的計畫。

這個方法當然不只可以用在考試上。像是減肥也可以用。設定目標體重，記錄現在的體重，計算出還要減幾公斤，也這是完全相同的手法。我們可以得知該消耗多少卡路里、該做多少運動呢，比起亂減一通輕鬆多了。

將目標化為具體的數值，客觀的分析。這個方法把我們兩兄弟送上東大，真的很推薦哦。

第6章 放棄一小部分

退租手機

文科一類二年級 佐佐木幸秀

■高中⇩茨城縣公立高中
■錄取⇩重考兩年
■志願⇩法官

應屆考上東大的朋友的秘密絕招

心裡明白自己必須唸書，卻不小心做了別的事，這種情況很常見吧？應考的時候，我的敵人就是手機與漫畫。

在解數學問題的時候，我還是會偷瞄旁邊漫畫的書背。背英文單字的時候，只要手機顯示新簡訊的燈號閃爍，我的目光就會一直集中在上面。後來我請教應屆考上東大的國中朋友。

「一直想玩手機，沒辦法認真唸書的時候，該怎麼辦呢？」

他乾脆俐落的說：

「手機？我早就退租了。」

升上高三之後，因為唸書的關係，我沒有跟他聯絡，所以我也沒有發現，沒想到他竟然退租了。早知道我就……現在也來不及了。

「做不到的話，我就別想考上東大了。」

於是我下定決心，立刻去涌訊行。

對喜歡的事物設定門檻

可是我真的完全沒辦法封印漫畫（笑）。既然不能丟的話，至少要讓自己不方便拿出來看，於是我把漫畫書收進百元商店買的，有蓋子的塑膠盒裡，放在一個必須收拾參考書才能拿出來的地方。

「看完參考書的這一頁之後，再看一話吧」我給自己設了物理上的距離。

儘管我設了門檻，遠離自己喜歡的事物，我還是沒辦法集中精神。我無法抓住休息時間和唸書時間的節奏，沒辦法時間一到就立刻進入唸書模式。

於是我回想過去上物課時學到的「巴甫洛夫的狗」（條件反射）這個實驗。實驗內容是每次都在響鈴之後餵狗吃飼料，於是只要鈴聲響起，狗就會分泌唾液。我想只要我也做同樣的事，自己就能快速進入狀況了吧。

我做的事非常簡單。**在某個行動之前，一定要採取相同的行動**。具體來說，在家裡唸書之前，一定會先讀一話我喜歡的漫畫。剛開始我總是看得津津有味，看了兩話、三話，有時候甚至把整本都看完了（笑）。可是我還是勉強自己在唸書前只看一話的漫畫，每次都這麼做。過了一個月之後，只要看一話漫畫，腦袋自然就進入唸書模式，切換到清醒的模式。

一直到現在，每次看漫畫的時候我都會想：「好像該來唸書了」，莫名的心不在焉。我再也無法單純的看漫畫了，有點可惜，這也表示效果真的很好。

我做的每一件事都沒有很困難。儘管如此，只要將喜歡的東西放遠一點，就不會一直在意它了。只要在開始之前採取同樣的行動，生活就多了變化。只要下一點工夫，就能控制自己的專注力哦。

熱情開關 33

大哭一場後入眠

農學部四年級 內山成美

■高中⇩香川縣私立高中
■錄取⇩重考一年
■志願⇩地方公務員

用眼淚沖乾淨

遇到難過的事情時，我都會讓自己大哭一場。

考試落榜的時候就不用說了，打工時遇到蠻不講理的客訴時、跟父母吵架時、跟朋友的意見不合時……當我感到非常無奈，不知如何是好的時候，我就會哭一場，用眼淚沖掉心裡的悲傷與難過。

我的淚穴是音樂。只要聽內野加奈和ＪＵＪＵ的歌，情緒就會很激昂，眼淚奪眶而出。生物化學也認為**眼淚具有淨化作用**。不好的物質會跟眼淚一起排出來。大哭一場之後，我確實會感到心情很舒爽。

靠睡眠轉換想法

哭完之後什麼事都不要做，先睡一覺。醒來的時候，腦袋會變得非常冷靜。

「這次沒考上，以後還有的是機會。」

「那個人也有他的原因。出社會之後，遇到這種事是很正常的。這也是人生的功課呢。」

很多事都能想通了。睡過一覺之後，先跟煩惱保持距離，所以能夠發現煩惱時沒能想到的念頭。如果不是夜裡，也可以小睡片刻。趴在桌上睡十五分或是三十分，效果非常好。因為累了，可以好好的睡一場，即使是短暫的時間，醒過來的時候都會感到神清氣爽。

哭一場之後睡覺，這是媽媽教我的方法。

十五歲時，從我出生就一起陪在我身旁的愛犬小千上天堂了。對於我這個獨生女來說，小千就像是我的兄弟，失去小千的悲傷是我無法用筆墨形容的。我陷入喪失寵物抑鬱症，只要看到小千的毛毯，就會感到無比的沮喪。

我什麼都不想做，就連書都不想唸，這個狀態持續了半個月。

媽媽實在是看不下去了，有一天，她正襟危坐的叫我過去。到底要說什麼呢？我滿腹狐疑，媽媽直視著我的眼睛，說道：「妳一直放在心上，會讓小千擔心，沒辦法去當小天使哦。勉強自己也沒關係，大聲哭出來吧。然後好好休息一下。把悲傷全都吐露出來，妳對小千的回憶也不會消失哦。」

媽媽說著，讓我把頭枕在她的膝上，慢慢的撫摸我。我感受到她的手與話裡的溫暖，第一次掉下眼淚，哭了出來。

哭累了之後，我直接進入夢鄉。當我醒來之後，失去小千的傷痛已經好多了，總算能回到正常的生活。不要把事情悶在心底，用淚水沖走吧。沖走之後再睡一覺，將煩惱的時間歸零，回到日常生活。如果那個時候，媽媽沒教我這個方法，也許我連小煩惱都無法排解，早就受不了了吧。每當我難過或是悲傷的時候，媽媽教我的方法總能解救我。

體驗「腦筋一片空白」的經驗

- 高中⇩兵庫縣私立高中
- 錄取⇩應屆
- 志願⇩系統工程師

理科一類一年級 鹿川優美

終極的意象訓練做好正式上場的準備

「唉，廁所人好多哦……！」

我的第一場東大模擬考的經驗有夠糟。這是我應考生活中的第一場模擬考，所以我很想取得好成績，充滿熱情的迎接東大模擬考的第一天。第一堂考完後，我想去上廁所，沒想到教室前面的廁所排了長長的人龍。我連忙趕到遠一點的廁所，那裡一樣很多人。好不容易到別間廁所上完了，衝回原來的教室，這時我連喘氣的時間都沒了，下一堂測驗已經開始了。

我大受動搖。我拚命想要集中精神，面對考試，可是第一個問題就很困難，於是我的腦筋一片空白。發生太多我預料之外的事情，害我動搖了。原本以為至少可以考到C等，結果是E等，令我陷入低潮。

在最重要的關鍵時刻，我該怎麼辦才不會犯下同樣的錯誤呢？我想到的辦法是**「徹底的意象訓練」**。

上次的失敗經驗是我對於廁所人太多、突然碰到困難的問題等等，預料之外的事件，所以才會動搖。於是我決定設想所有細節，讓我不會再遇到任何「預料之外的事件」，才正式上場。

第二次東大模擬考的前一天，我先在網路上勘查模擬考會場的設施導覽地圖。當天，從玄關到考試的教室該怎麼走、電梯在哪裡、當電梯擁擠時，走哪個樓梯比較快，我想像自己走在試場的模樣。上次失敗的廁所地點當然也查好了。

不管事前做了多少準備，一旦發生預料之外的事件，腦筋難免一片空白。在東大考試之前，我參加好幾次的模擬考，並沒有碰到我意象訓練中發生的事情，像是碰到前所未見的超難問題，或是考試中有人昏倒了，教室鬧哄哄的。

正式考試的時候，如果腦筋一片空白，該怎麼辦才好呢？我認為解決方法只有一種。反覆練習腦筋一片空白時該如何恢復。

第一次腦筋一片空白的時候，考試就在我完全無法思考的狀態下結束了。經歷過幾次「腦筋一片空白的狀態」後，我已經有辦法思考如何恢復了。像是在心裡不斷告訴自己「**冷靜，冷靜**」，或是閉上眼睛深呼吸十秒鐘……我嘗試過各種方法，逐漸找出驚慌時讓自己冷靜的方法。

不管做了多少意象訓練，遇到預料之外的事件時，心情動搖的機率也不會是零。為了不讓自己在正式上場時焦慮，事先練習如何從「腦筋一片空白」的狀態下恢復，這一點很重要。

正式參加東大考試時，我當然勘查過試場的廁所。其實人也沒那麼多，可是「勘查」帶給我的安心感，效果超乎我的預期。

熱情開關 35

刻意面對討厭的事物

教育學部三年級 宇野慎太郎

■高中⇩鹿兒島縣私立高中
■錄取⇩應屆
■志願⇩教職員

忍著不做討厭的事物

以前跟朋友閒聊的時候，我們聊到這個話題，「大家在應考的時候，忍著沒做哪些事情呢？」

我當時回答「數學」，大家全都楞住了。

沒有錯。一般來說，正常人認為忍耐是「不做喜歡的事情」。實際上，其他朋友的答案都很正常。我已經記不太清楚了，不過答案大概是「很想玩可是沒有玩」、「沒有交女朋友」之類的。對我來說，印象最強烈的忍耐是「正經的面對討厭的數學」。

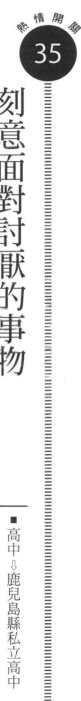

我真的非常非常討厭唸數學。成績總是從後面數起來比較快，就連高中老師都說：「你的數學成績要是好一點就行了。」每次面談都要嘆氣。我對數學完全過敏，只要看到數學問題都會頭痛。

儘管如此，高三的時候，我超過一半的時間都在唸數學。

就算放棄數學，我還是可以靠其他科目拿分數。東大入學考有國文有英文也有地理和歷史，就分數的佔比來說，數學是最低的。

可是我就為了數學成績不好的理由，太討厭了，一直逃避。正因為我一直逃避數學，所以現在認真面對的話，應該還有充分的進步空間吧？這是我的想法。

現在回想起來，這是個蠻自虐的想法。剛開始連問題都不出來，根本不好玩，精神方面也覺得非常痛苦。可是持續下去之後，我已經不想再逃避了。因為我是個小氣的人。

「**如果現在逃避了，之前的努力就白費了**。這樣太浪費了。」每次不想唸的時候，我都會這樣告訴自己。

不管是停在原地，或是唸書，時間一樣都在流逝。於是我想：「既然這樣的話，朝向重要的目標慢慢前進，這個方式比較有利。」

現在回想起來，我唸書的時候其實已經豁出去了。

忍耐後的獎勵

因為我面對的是這個世界上我最討厭的數學，所以告訴自己「太浪費了」，靠這招沒辦法消除壓力。

在忍耐之後，我一定會給自己一些獎勵，馬上消除累積的壓力。

例如唸完數學之後，接下來唸我最愛的英文。這麼做會讓我充滿自信，「我的英文果然很強～」昇華疲勞的心靈。

唸完書之後，我也會盡情看我喜歡的漫畫。當時我最喜歡漫畫是《吹奏吧！嘉卡》，這是一部搞笑漫畫，邊看漫畫邊大笑，能夠撫平我唸數學時不愉快的心情。

認真面對數學最後還是有所價值，高三秋天的時候，數學已經從「不拿手的科目」稍微進步到「有點不拿手的科目」了。正如我的預測，因為本來分數就很低，所以還有充分的進步空間。

另外還有一個意料之外的收穫。當我持續唸數學時，我終於體會解開問題時的快感。

以前我認為數學非常無聊。認真面對之後，才了解它的樂趣，我也成長了。

基本上大家遇到討厭的東西時，都會繞道吧。可是我覺得我們應該刻意去面對。人際關係也一樣，採取任何行動都無所謂。**從正面迎擊，正因為之前的逃避，才能得到成果，找到過去不曾發現的事物。**請鼓起勇氣，走上跟之前不同的路，如此一來，自己也會有所成長吧。

熱情開關 36

回想痛苦的時刻

教養學部三年級 清水慶太

■高中⇩大阪府私立高中
■錄取⇩重考一年
■志願⇩商社

自修重考時體會的事

由於家庭的關係，我沒能去補習班，而是一邊打工，一邊自修重考。

我本來是個開朗又愛講話的人，自修重考生活非常孤獨，真的很難熬。雙親都要上班，回家都很晚了，我有時候會突然想到：「今天都沒有跟人說話耶。」持續三個月之後，我整個人都很憂鬱。又寂寞又負面，唸書唸到一半就哭了出來。剛開始打算從早上六點開始唸書，卻不小心又睡過頭了，等我醒來的時候，電視已經在演「笑笑也無妨」了。（註：原節目名為「笑っていいとも！」於平日中午12點到下午1點播出，已於2014年3月結束）

不久之後，我開始自暴自棄，「我不上東大也沒關係。反正沒上補習班，想上東大根本就不可能嘛。」

我曾經想過：「有生以來沒這麼辛苦過。」可是我回想起一件事「等等，那個時候才難熬啊。跟那個時候比起來，現在簡直就像個屁。」

在社團被霸凌……

「那個時候」是高二的夏天。我參加柔道社，在某一場比賽中，因為我犯規的關係，我們輸了。我當然不是故意的，可是那場比賽是三年級學長們的最後一場大會了。

因為我犯規的關係，副將或大將等等學長們都沒有上場的機會，比賽就結束了。

「如果你沒有犯規的話……」

比賽結束的瞬間，這種氣氛一下子漫延開來。

從這件事情之後，我就被整個社團的人霸凌了。

不管是社團活動，還是在學校裡，除了必要的事務聯絡之外，社團成員完全都不跟我說話。練習投技的時候，明明絕對不可以放手，他們卻把手放開，害我受傷。放在社團教室裡的書包，裡面的東西被扔到外面，也不是一次、二次的事了。

最慘的就是我的朋友幾乎都是社團的人，所以根本沒辦法跟朋友傾訴。所以每天的社團時間都像死一樣痛苦。

偶爾我會在家裡大哭，「不過犯了一次規，為什麼要被欺負到這種地步呢？」甚至還曾經嘔吐。

之所以沒退社，是因為我也有點想要爭一口氣，「現在退社就讓那幫人稱心如意了。」

結果差不多過了半年，升了三年級之後大家的態度就恢復正常了，可是反而讓我對別人更不信任了。

跟那個時候相比，自修重考算什麼

之所以想考上東大，也是為了給那些傢伙一點顏色瞧瞧。

「自修重考的確很孤獨，可是沒有人會害我。而且現在我不是有東大這個閃亮的目標嗎？那半年都撐過來了，自修重考根本就是小菜一碟。」

沒想到之前的憂鬱都消失了。

於是每當我沮喪的時候，我都會出聲說道：「跟那半年比起來，現在超輕鬆！」因為這句話的緣故，後半段我才得以維持安定的精神狀態，準備大考。

超越痛苦的經驗可以鍛練一個人的精神呢。遇到難過的事情時，只要小聲告訴自己**「跟那時的痛苦相比，現在超輕鬆！」**心情就會感到輕鬆。和一直覺得很痛苦、很痛苦的時候相比，更能積極向前邁進。

第7章

改變想法

熱情開關 37

猶豫的時候選擇感到興奮的那邊

文學部四年級 松田淳貴

■高中⇩三重縣私立高中
■錄取⇩重考一年
■志願⇩語言學家

不想用刪去法選擇

每當我猶豫不決的時候，我會選擇讓自己興奮、期待的那邊。必須二選一的時候，也有一種判斷基準是「選擇風險比較小的那邊」。

舉例來說，我重考過一次，應屆的時候沒考上東大，有點猶豫吊車尾上的A大學法學部。於是我必須面對選擇。「要上應屆考上的A大學呢？還是重考一年，以東大文學部為目標呢？」

應屆考上的A大學法學部，並不是我真正想選的學系，就算入學了，也不一定想讀。另一方面，在東大文學部當研究員是我的夢想。可是跟法學部比起來，出路比較有限，而且重考也不一定能考上東大。

可是我不想選擇風險比較小的那邊。也許這是決定我人生的瞬間，我**不想用刪去法選擇**。

思考成功的時刻

如果不用風險來評估的話，那就主觀的選擇自己開心的那邊吧。「成功的時候，哪一邊讓我興奮、期待呢？」我想要從這個觀點來選擇。如果是A大學的法學部，也許可以成為法學家，幫助有困難的人。或是創業賺大錢。如果能成功的話，物質方面應該不虞匱乏。

另一方面，如果選擇在東大文學部研究，可以成為喜歡的語言專家。分析即將從世界上消失的語言，保護珍貴的文化遺產。如果可以從事喜歡的工作，應該沒有什麼比這個更令人興奮了吧。

雖然A大法學部有各種發展，可是我未來藍圖的想像到一半就斷了。可是想像後者話，我的想像就像天馬行空，完全停不下來。結果我確信「自己最想做的事情」在東大文學部。

其實，我決定重考的時候，受到雙親的強烈反對。「好不容易才考上Ａ大學」、「大學又不只東大那一所」。可是我一旦決定就不會改變心意。我熱切的告訴他們：「這是我想做的事，只要一年就好了，希望你們支持我。」雙親總算同意了。於是我就憑著**「只要走這條路」**的信念，沒有輸給誘惑與不安，一路唸了過來。

現在我已經達成目標，每天都在東大文學部學習語言學。和睦的氣氛讓人非常舒服哦。而且我還能在東大莊嚴的校園內，學習喜歡的事物。和入學前相比，真的是非常奢侈的經驗。

在我猶豫志願選擇的時候，如果我重視風險的話，我就不會上東大了吧。也不會有現在的經驗，再說成功後也不是我真正想要的，也許會抱著遺憾的心情吧。我覺得重視風險當然也是一種選擇方法。只是我覺得選擇讓自己興奮的那一邊，才是通往幸福的捷徑。

熱情開關 38

顧全平衡

理學部四年級 田口憲司

■高中⇩奈良縣私立高中
■錄取⇩應屆
■志願⇩汽車製造業

不可輕忽複習

我擬定計畫的時候，最重視如何平均分配「嘗試（try）」、「保持（keep）」、「休息（off）」這三者。

「嘗試」是學習新事物。「保持」是複習學會的事情。「休息」則是好好休息。我認為只要妥善分配三者的比例，即可加強學習的效率。

其中**最重要的就是「保持」**的部分。

我上的是國中直升高中的學校，我國中時期的成績非常差。上課的時候很開心，可是考試總是考不到好成績。

有一次，某位老師指出我的問題。

「你沒有複習吧？」

他完全說中了。我喜歡學習不知道的事物，心總是放在這邊。也就是時間都分配給「嘗試」了。

除了唸書之外，凡事都一樣，花了好多心力進步，如果不維持的話，馬上就會退步。例如棒球，才學會新的球種，如果不練習的話，馬上就會把訣竅忘掉。我則是完全不複習，所以把學會的新知識忘光了。從這件事之後，我很認真反省，將複習納入我的學習計畫。

製作圓餅圖調整平衡

開始複習之後，我發現一件事。那就是「嘗試」與「保持」的平衡並不是固定的。

剛開始全都在學習新事物，所以要以「嘗試」為中心。再過一陣子，就需到

「保持」了。再過一陣子，「嘗試」與「保持」的比例則會顛倒，快到終點的時候，全都是「保持」。

仔細思考會發現這是理所當然的，可是要保持平衡卻很困難。我總是輕忽「保持」，所以快到終點時才慌忙增加「保持」的部分。

於是我在唸書的時候，每天都會畫圓餅圖，分配花在「嘗試」的時間與花在「保持」的時間。剛開始是九比一，累積一段時間就成了七比三、五比五，快要考試的時候則是三比七、一比九，畫一個概略的圓餅圖。我用這種方式調整平衡。

休息也在計畫之中

可是這樣還不夠。還差了休息，也就是「休息」的時間。擬定計畫的時候，我只顧著填上要做什麼，根本沒想到休息時間。因為我不想休息。

就算是難得的假日，我都在想「怎麼可以休息」，把時間花在沒能完成的計畫上。

這樣一來，我就沒時間休息了，必須一直保持專注。不出兩個月我就累倒了，躺了一個禮拜。而且這段時間裡我什麼都不能做，唸的書都忘光了，又要重頭再唸一次。

這時我才發現必須劃分專注的時間與休息的時間，以一定的步調前進。於是我把休息時間納入計畫之中。「休息」時充分的休息，告訴自己：**「休息的時候，我也朝向終點前進。」**

於是「嘗試」、「保持」、「休息」的概念就完成了。我想每個人的平衡都不一樣。可是沒有保持獲得的力量，一下子就會忘掉，無法切換集中與休息則會疲勞。三者密不可分。

反過來說，只要注意「嘗試」、「保持」、「休息」，即可順利擬定計畫了。

熱情開關 39

只看正面

文學部三年級 谷下千尋

■高中⇩福岡縣公立高中
■錄取⇩應屆
■志願⇩文化財調查員

找出擁有自信的根據

我凡事都只看正面。

看不好的那一面並且好好反省，這件事當然也很重要。可是一旦意識到不好的那一面，我就會喪失自信。只要有一點就好了，我認為找出自己的優點，把它當成自信的根據，這是非常重要的事。

以入學考來說，我非常的努力，甚至可以光明正大的在大家面前宣示：「**我已經做好萬全的準備！**」由於學校的老師們無私的指導，申論題的修正方面，嚴格到任何問題都要全部解決，我就是以這樣的氣勢，每天往來教職員辦公室和教室，直到學校關門為止。

所以大考當天我也不斷的告訴自己，「我每天都那麼努力，一定可以的，一定可以的……」

除了自己本身的努力之外，只要是任何對自己有利的內容，都會硬扯上關係，為自己添增信心。

東大入學考的最終錄取率大約為三成。在考試會場中，明明沒有證據，我還是告訴自己「三個人之中有一個人會考上，蠻多的哦！現在排在同一列的三個人，其中就有一個考取哦！那個人絕對是我哦！我會考上，我會考上！」為自己帶來力量。

像這樣，只要隨便找一些根據，只跟自己說正向的話，很容易說服自己。

我之所以這麼想，原因是小學時期我搞砸了鋼琴發表會。到小學六年級為止，我一直都在學鋼琴，每年秋天都會參加鋼琴教室的發表會。小學四年級的時候，我只顧著跟朋友玩，幾乎都沒練習發表會要彈的曲子，在這個情況下參加發表會。正式上場之前，我在舞台邊抖個不停，「怎麼辦？我根本沒練習，一定會失敗的，怎麼辦？」因為我處於這種狀態，開始彈鋼琴之後，當然比平常還不順手，腦筋一片空白，連背起來的樂譜都忘得一乾二淨，結果非常悲慘。發表會結束之後，我哭喪著臉回到父母身邊，母親對我說了這些話。

「今天很慘呢。因為妳根本沒有練習，這也是理所當然的啊。如果妳已經得到教訓，在重要的事情之前，請好好努力吧。如果沒努力的話，至少要擁有自信哦。」

她一臉嚴肅的告誡著我，還是小學生的我完全無法回嘴。母親不但指出了我的努力不足，就連我在舞台邊抖個不停都被她看穿了。

不看討厭的那一面

自從發表會之後，為了讓自己更加有自信，我就不斷的努力。我也會告訴自己，不要看事物不好的那一面，只要看好的那一面就行了。現在回想起來，當時我不僅努力不足，自己也產生不好的情緒。我只注意「沒練習」這個不好的一面，所以更沒信心了。

如果當時我勉強自己，告訴自己「每一年都參加這個發表會，沒問題的！」也許我會比較積極，就不會失敗了。所以我儘可能不去看討厭的那一面，只關注好的要素，告訴自己**「向前看、向前看」**。如此一來，正式上場的時候，我就不會畏縮，可以好好努力。

再舉一個例子，我國中時參加的箭道社。

箭道這門競賽，對成績影響最大的因素就是自己的精神狀態。不可思議的是只要心裡有一絲不安，就不會拿到好成績。所以在比賽之前，我一定會閉上眼睛，鼓勵自己：「我一定會成功，一定會成功，一定射得中……」

大學考試的時候，我也一直在心中默唸：「我考得上，我考得上，只要看前面……」因此我完全沒有緊張，也沒有退縮，當天才能發揮實力。

如果看到不好的那一面，就會沒完沒了，只會讓人感到不安。再怎麼牽強也沒關係，請找出好的一面，並且告訴自己。我認為這就是在任何時候都能發揮自己實力的熱情開關。

熱情開關 40

幻想好結果和壞結果

文科一類二年級 瀨戶明里

■高中⇩北海道公立高中
■錄取⇩應屆
■志願⇩金融

幻想一年後的自己

每當我想要維持熱情的時候，我都會幻想「一年後的自己」。為什麼是一年後呢？因為變化的程度恰到好處。

就算要你想「一個月後的自己」，如果沒有什麼重大活動的話，我想最後應該沒什麼變化吧，會很難想像。如果是現在的我，一個月之後大概一樣在上大學，感嘆「明天的報告該怎麼辦」吧。

相反的，如果期間再長一點，例如想像「十年後的自己」，這下子變化的因素又太多了。說不定結婚了，說不定人在國外了。搞不好已經生了五個小孩。

完全無法想像。

所以一年後最容易想像了。環境有一點變化，可是還沒差到想像不出來。

光明的未來與慘淡的未來

我會同時想像光明的未來和慘淡的未來。光明的未來是我強烈想實現的夢想。一邊想著自己的夢想，從夢想往回推算，思考自己現在該做什麼。

我國中的時候就對東大抱著理想，升上高三之後，我開始幻想「一年後，跨入紅門的自己」。接下來倒過來推算，擬定計畫，「想要跨入紅門，我要唸這個科目，這個單元特別重要，所以現在要唸這個部分。」當實現心願的意念越強烈時，即可超越討厭的事物。

重點是不要想像「成為東大生的自己」，而是想像**「跨入紅門的自己」**。不管我們的夢想是什麼，如果只是一個漠然的印象，就不容易幻想，也不容易激勵自己。在想像中加入紅門這個東大的象徵，即可輕易挑起我們的幻想。

絕對不想輸的對手

另一個慘淡的未來則是絕對不想面對的未來。我絕不想輸給「某個人」。其實在高三的春天，我跟好朋友撕破臉了。

她本來就是一個愛跟別人爭吵的人，我通常要幫她收拾善後。可是這麼做反而助長了她的氣焰。最後她竟然瞧不起我的家人，我再也無法忍耐了。

在我們班上，只有我和她以東大為志願，所以我們經常被拿來比較。我完全不想跟她扯上關係，心裡非常厭煩。

可是分組報告的時候，我們也被老師分派到同一組，名字常常掛在一起。

我反過來利用這件事。想像「萬一只有她考上東大，我卻落榜了？」光是想像就覺得自己好悲慘啊。在一陣空虛之後，我湧現堅強的意志，「如果下場這麼悲慘，就算熬夜我也要唸書！」唸書時，每次想要偷懶的時候，我都會想起這樣的心情，戰勝想要偷懶的欲望。

我都是像這樣，具體的想像光明的未來和慘淡的未來，調節我的鬥志。

簡單的說，**光明的未來就像是在馬的面前掛一根紅蘿蔔，慘淡的未來則是皮鞭**。雖然方向不同，結果兩者都能幫助自己往終點邁進。

我並沒有刻意分別運用兩者，可是只用其中一者的話，相同的刺激可能會造成疲乏。我認為妥善的搭配兩者，比較容易調整心情。

熱情開關 41

否定自己

經濟學部四年級 小島義彰

■高中⇩大分縣公立高中
■錄取⇩應屆
■志願⇩證券業

保持謙虛，避免自信過度

我很喜歡審視「這個人的個性如何」，以及觀察「為什麼會形成這樣的個性」。據我觀察的結果，我得到的結論是個性並不是天生的，生長環境與經驗才是造就一個人的個性的重要因素。

模擬考成績公布的幾天後，我在朋友面前發表我觀察的結果與個性分析。結果朋友回我一句話：「那你是什麼樣的人？」

於是我開始思考：**「我是什麼樣的人呢？是什麼造就了我呢？」**

分析自己之後，我得到最糟的結果（笑）。

我是一個得意忘形的人，自尊心也很強。只要我覺得「我絕對沒問題！」馬上就會感到安心。

應考時期，每次模擬考我都順利考到Ａ等，所以我到了高三的秋天也毫不緊張。跟高三的春天相比，我到自修室的時間差不多只剩下原本的一半。

「我一定考得上，超輕鬆啦」我還記得自己笑著告訴擔心我的朋友。可是十一月的模擬考，我第一次考了Ｃ等。我非常沮喪，憎恨那個大意、沒認真唸書的自己。

經過一番反省之後，我告訴自己「我沒那麼厲害。」

我分析自己之後，發現我只要考到不錯的成績就會沾沾自喜，又大意、鬆懈了。所以當我發現自己鬆懈的時候，馬上告訴自己：「喂，等等，這樣真的沒問題嗎？我有那麼厲害嗎？」潑自己一頭冷水。

其實我完全沒得到教訓，入學考的前一天我也鬆懈了。因為之前大考的成績比我想的還要好，「我絕對考得上」我又擁有不知道打哪來的信心。入住飯店的時候，我還想：「不看參考書也沒差。」

可是這時，我發現自己怎麼突然這麼有信心。還好有十一月的經驗，所以我給自己壓力，「喂，你真的不要緊嗎？對手可是那個東大耶。你不就是個C等罷了。」

在大多數的情況下，擁有自信是一件好事。可是我會過度膨脹自己的自信，導致意料之外的失敗。為了告誡得意洋洋的自己，我故意否定自己。

化為成長的原動力

否定自己還有另一個好處。我**無法滿足現狀**。

當自己過度自信的時候，總會對現在的自己感到心滿意足，就算有缺點，都會睜一隻眼，閉一隻眼。可是感覺「自己還不夠完美」時，就會對於無法辦到某些事情的自己感到不甘心。只要覺得不甘心，就能超越不甘心，努力的成長。

舉例來說，我設定的大考目標是九成。模擬考也是一樣，整體來說，大致上都能穩穩拿到九成的分數，其實我的英文非常菜，大概只能拿到八成的分數。

自尊心相當高的時候，我可能會想：「反正達成整體的目標了，我很厲害嘛。」輕易就放下了。

可是否定自己，「我才不厲害」，讓我注意到自己的英文很弱。於是我下定決心，開始猛唸英文。不曉得是不是這個關係，大考的時候，我英文第一次考到將近九成的分數。

現在回想起來，如果我沒有分析癖的話，如果朋友沒有問我是哪一種人的話……。

我一定不了解自己的本質，放縱自己的大意與過度自信，應該考不上東大吧。

第8章

擁有競爭對手與偶像

熱情開關 42

找到自己的節律調整器

文學部三年級 谷岡好美

■高中⇩廣島縣公立高中
■錄取⇩應屆
■志願⇩心理師

模仿身邊的「高手」

我的缺點是短視近利。當目標太遠的時候，我覺得太模糊了，完全沒有拚勁。由於自己的意志薄弱，所以我會就近找一個人帶領我。

升上高三的時候，就算大家都在說：「離大考只剩下幾個月了，好好加油，考上東大吧。」我還是沒什麼感覺。就算叫我加油，我也不知道具體上該怎麼做。於是我擅自決定要模仿同班的W同學。

W同學跟其他同學不太一樣。午休的時候，大家都在聊天，可是她會在不知不覺中回到自己的座位背單字，放學之後，一直留在教室裡，一直唸到大家都回去才離開，是一個低調又自律的人。

W同學的志願跟我一樣，都是東大文科，成績一直穩居我之上。連老師都保證她保持現狀一定能夠錄取。

我做的則是**模仿她的行動**。

看到W同學回到座位了，我也停止聊天，快點回到座位。放學後，我一樣待在教室唸書，直到W同學回家為止。有時候我會故意走到W同學的座位附近，偷看她用的是哪一本參考書。現在想起來，好像變態跟蹤狂哦。

抱著競爭的心態

還有我持續模仿W同學的習性，跟她拚成績。我們學校有一個慣例，每次舉辦定期考或是模擬考之後，會把前幾十名的成績貼出來。每次貼出來之後，我都會假裝確認自己的成績，順便看一下她的成績。

雖然W同學整體成績比我高，仔細比較之後，我發現我只有國文的成績比她好。當我發現這件事之後，「我不想輸給她，國文絕對不可以被她趕上，而且我還要追上她的整體成績。」每次考試的時候，我都會燃起競爭的心態。

創造節律調整器

老實說，我希望認真的W同學帶領我錄取東大這個目標，對我來說太遙遠了，很難產生意識。可是將W同學視為對手之後，眼前出現一個明確的目標。模仿W同學的行動之後，自己不需要管理時間，W同學就能幫我切換開關了。

「雖然我不知道到東大還有多遠的距離，只要跟著W同學的腳步，就能接近東大。到最後再迎頭趕上，就能確實到達東大了。」

唸書的時候，我一直抱著這個想法。

擁有明確的目標之後，即可維持自己的鬥志。

由於我跟W同學同班，每天都能見面。每次見面的時候，W同學總是自律的唸書。所以我每天都會受到刺激，提不起勁的日子，只要看到W同學，又會燃起新的鬥志。

馬拉松大賽也有負責擔任節律調整器的人呢。他們的水準很高，保持均一的節奏率領整場比賽。我就是把W同學當成我的節律調整器。最後我跟W同學都考上東大了。

其實，進了東大之後，我還是找了「假想的節律調整器」。在班上有，社團也有，打工的地方也有。

班上找的是每次都認真抄筆記，留在圖書館的人。社團則是找電腦桌面總是整理得很乾淨的人。打工的地方則是找臉上隨時都掛著笑容的人。雖然不像應考那麼誇張，我還是一樣，只要某個人的行動讓我「好想跟他一樣」，我就會擅自模仿。

請環顧四周，一定有人擁有熱情。當你感到自己沒有熱情的時候，單方面的模仿身邊的「高手」會帶來很好的效果哦。

熱情開關 43

活用迷妹心態

文科三類二年級 淺尾順子

■高中⇩愛知縣私立高中
■錄取⇩應屆
■志願⇩主播

羅納度選手的笑容偷走我的心

你喜歡外文嗎？

我超、超、超討厭。我以前總是想：「我明明就是日本人，為什麼非得學什麼英文或是第二外語呢？」

改變我的是足球界的超級巨星——克里斯蒂亞諾・羅納度選手（皇家馬德里）。

那是我國中三年級的事情了。我有幸到德國觀賞在當場舉辦的世界盃。親眼看到活躍的葡萄牙代表，羅納度踢的好球，一下子就擄獲了我的心。

比賽之後，我在很近的距離看到日本記者採訪他。我感到非常羨慕。「**我也想要採訪羅納度！**」於是我立志學習葡萄牙文。

到附近的書局買參考書之後，根本找不到葡萄牙文課本。可是我已經下定決心了，總不能空手而歸。

我曾經聽朋友說過「葡萄牙文跟西班牙文很像」，所以就買了旁邊的西班牙文課本。我心裡想，只要學習相似的西班牙文，就會自動理解葡萄牙文了。其實哪有這麼簡單（笑）。

後來我埋頭苦讀西班牙文。我很討厭英文，可是學西班牙文卻很努力。我會看NHK的西班牙文會話講座節目，也會上網查一些西班牙文的新聞……對羅納度的崇拜驅使著我。東大的西班牙文小考每次都是幾乎滿分。

成為粉絲之後，討厭的事情也變有趣了

為什麼討厭語文學的我，可以這麼努力呢？那是因為我學習外語的目標並不

是「學好西班牙文」，而是「可以聽懂羅納度說的話」。

學習外語的時候，最好有一個具體的目標。學語言需要很多耐心哦。背誦每一個單字，確認詳細的文法，必須反覆進行這些枯燥的作業。所以如果只抱著漠然的目標意識，「因為大考、工作或檢定會用到，所以才學」，很容易累，也提不起熱情。

「為了在聯合國工作，所以我要學英文！」目標不需要這麼大。像是可以在沒有字幕的情況下，欣賞自己喜歡的演員的電影，或是閱讀《哈利波特》的原文書，學習外語時，如果可以跟自己的興趣結合，就能愉快的持續下去。

自從我知道快樂學西班牙文的方法之後，再也不覺得學英文是一件苦差事了。在學習英文之前，我會先喜歡上好萊塢巨星、美國劇集、美國的人物與作品。

這一招不僅限於外語。

以後只要**遇上痛苦的事、麻煩的事，請利用這種「迷妹心態」**。

舉例來說，我現在於電視公司打工，擔任助理，常常要打雜，而且時間也不規律。我把我的「迷妹心態」對準負責總籌AD的K先生。

K先生的身材高大，個性爽朗，親切又和藹，是我們這些助理的偶像。

「謝謝。妳做得很好。」

我想要聽到K先生對我說這句話，所以很多事都忍了下來，連我自己都覺得不可思議。

第一步就是對象是誰都好，「當個粉絲」。

然後「活用迷妹心態」。

也許大家很難置信，可是真的很有效。請大家一定要嘗試看看。

熱情開關

44

看現充朋友的SNS

教育學部三年級 河野賢人

■高中⇩東京都私立高中
■錄取⇩重考一年
■志願⇩電視製作人

想像自己享受大學生活的模樣

「今天中午吃學校餐廳的咖哩！雖然很便宜，可是有點粉粉的（笑）。」
「剛才參加社團聚餐！喝了一點啤酒。有點醉了～」
「報告！我終於交到女朋友了～」

沒考上東大，也沒考上任何一所大學，確定重考的春天。我仔細看了幸運考上東大，過著現充生活的高中朋友的SNS。這是為了讓我**具體想像**錄取的大學生可以做什麼，有什麼好玩的事，以**鞭策自己**。

我還在讀高中的候，並沒有認真準備大考。因為我不懂，為什麼要那麼拚命唸書，只為了考上大學。

決定重考的時候，我再次問自己「想在大學做什麼？」結果還是找不到答案。我並不是一個很喜歡唸書的人，也不想當學者。

雖然我明白東大對於以後的求職很有利……，可是我完全無法想像自己當上大學生的模樣。這時，我剛好看到比我早一步當大學生的朋友，他那開開心心的SNS版面。

看了他發表的留言後，在那一瞬間，我想著：「我就是想做這個！」（笑）。朋友的SNS寫著大學生活的趣事、煩惱等等，還會搭配照片，寫得鉅細靡遺，非常真實。看了之後，我終於可以具體的描繪出考上之後，有什麼在等待著我。

「不能再當個磋跎光陰的重考生了。今年絕對要考上，我也要當現充。」我唸書的欲望終於增強了。

模擬考沒考好，失望沮喪的時候，我也常常看SNS。

「現在就洩氣，只會離現充生活越來越遠！」

於是不想輸的心情自然浮現，**鬥志都來了**。

只抱著「我想進東大」這個模糊的目標，一定考不上。好朋友的真實日常生活，才會讓我「羨慕！」，鼓動自己，燃起熱情的火焰。

我現在正準備就業，努力訪問畢業的學長們。因為我想進電視圈工作，所以我跟實際在業界上班的人見面，具體詢問工作的樂趣。比起網站錄取欄上的客套話「想要帶給大家更多感動」，我更想聽在現場工作者的真心話，例如「看到堀北真希本人，超可愛的哦。」才會讓我對就職活動更具熱情。

以「我要上大學學習知識」或是「我想製作打動人心的電視節目」為目標，雖然很帥氣，可是太模糊了。我想要追求的是「在大學過現充生活」或是「在電視台跟女明星共事」，像這樣更貼近你我的有趣目標。

當目標越具體、越容易想像時，我們就能拿出超越痛苦的力量。

（註：現充指的是現實生活充實、快樂的人。SNS 為 Social Network Services 的縮寫，即為社群網站）

熱情開關 45

找一個偶像

工學部四年級 瀨戶學

■高中⇩和歌山縣公立高中
■錄取⇩應屆
■志願⇩家電用品製造業

超人力霸王是我的人生導師

每次有人問我最尊敬的人，我都曾毫不猶豫的回答「超人力霸王」。（註：原名為ウルトラマン）

這不是搞笑，我真的很尊敬他。

在我幼稚園的時候，一直很崇拜超人力霸王，他也幾度助我突破難關。因為他的關係，我才能**找到自己的夢想**。

我喜歡上超人力霸王的原因有兩個。

第一，他絕對不會氣餒。強大的怪獸或外星人侵襲地球時，他都會站出來，守護地球和平。

他也曾經戰敗。也遇過打不贏的怪獸。可是他絕對不會夾著尾巴逃走。

說起來有點丟臉，其實在上高中之前，我一直以為自己無所不能。自己是萬能的，這種感覺讓人陶醉。尤其是唸書，我從來不曾輸過，而且我根本不曾想過自己會輸。

可是高中一年級的時候，我第一次讓出考試第一名的寶座。由於我過去從來不曾遇過挫折，所以自尊心一下子就被摧毀了，甚至讓我完全否定自己的能力，是一段痛苦的回憶。

這時，我想起超人力霸王的事。

「超人力霸王也輸過。可是他逃走了嗎？跟超人力霸王面對的事情比起來，考試簡直就太輕鬆了。」

我這麼想。我能夠重新振作，全都是超人力霸王的功勞。

對他人捨身的精神

我崇拜超人力霸王的另一個原因，是他發揮自己的能力幫助別人。也許該說是捨身奉獻的精神吧。他明明是外星人，卻為了我們這些地球人而戰。

我也曾經仿傚超人力霸王的精神，挺身而戰。

國中的時候，放學時我跟朋友一起回家，看到一台車子開到緣石上，進退兩難。朋友想要假裝沒看見，直接回家，坦白說，當下我也不知道該怎麼辦。可是那時我想起超人力霸王，於是我叫住朋友：「喂，我們幫幫他吧。」

可是靠我們兩個人的力量，再加上拜託經過的路人，三個人的力量還是推不動車子。我靈機一動，「對了，附近是不是有一家賣中古車的店？」於是我們找到那家店，終於請他們幫忙把車子推下來了。

雖然光靠自己的力量，沒有幫上忙，可是我如果沒有想起超人力霸王的話，可能會跟在朋友身後，離開現場了。因為超人力霸王的關係，我才會想「幫助別人」。

親身體驗之後，我才明白幫助別人的感動與辛苦，我越來越崇拜超人力霸王的人生觀了。

我之所以進入工學部，也是想像超人力霸王一樣，發揮自己的力量，製造一些可以幫助別人的東西。

如果沒有超人力霸王，我想我不會這麼努力，也許過著截然不同的人生。

崇拜某個人，或是某些事物。我認為這件事非常重要。崇拜的存在將成為自己的支柱，也會成為人生的指南。我們會去思考「想要成為崇拜的存在，自己該怎麼做？」，不會渾渾噩噩的活著。

就算是電視裡的人物也沒有關係。只是我遇到的偶像剛好是電視上的人。我想普通人的人生觀更值得參考，也更容易帶領我們。**不要受到對方的侷限，打開你收訊的天線，學習各種人的優點吧。**

第9章

不要勉強

隨波逐流

理科一類二年級 三宅耕平

■高中⇩富山縣公立高中
■錄取⇩應屆
■志願⇩建築

聽別人的話選擇志願

我是聽從別人的意見，才會考進東大。

高中一年級的時候，我並沒有特別想上哪一所大學。當時，導師說：「沒有志願的話，那就上東大吧。」於是我就在模擬考的志願學校欄上填了東大。

後來，保健室老師要我「以醫生為目標」，所以高中二年級的時候，我的目標不再是東大，而是醫學系。

可是到了三年級的時候，學年主任、導師、前任導師接二連三的跟我說：「不要考醫學系，你去考東大吧，你不適合唸醫學系。」於是我就果斷的改了志願。

身邊的朋友和雙親也曾經說過「你好像不適合」，而且在學校練習面試的時候，我完全答不出想上醫學系的理由，這件事對我造成很大的影響。

因此，我的第一志願又回到東大，然後我又對文科感興趣，於是在夏天之前，我又把志願學校改成一橋大學。可是這次也被老師們阻止了。

結果我就在以東大理學系為志願的狀況下參加大考。

這就是我選填志願的歷程。

自己並不了解自己

回顧過去，也許大家認為我只會聽別人的話，沒有自己的主見吧。可是我也有自己的理由。

我之所以會隨波逐流，是因為身邊的人比我更了解我自己。

「你是什麼樣的人呢？」

聽到這個問題時，我想很少人能夠明確回答。至少我答不出來。不只我一個人這麼想。

大家聽過「旁觀者清」這個詞嗎？站在下棋者旁邊的人，看得比下棋的人清楚，所以第三者的判斷比本人還正確。

正如這個詞的意思，其實有很多事，我都是聽了別人的意見才明白的。

我確實很喜歡文科。可是我沒辦法用語言去說服別人，也不會寫什麼長長的文章。這樣的個性其實不適合讀文科。我都是聽了老師們的話之後，才第一次察覺這些事。

所以對我來說，在判斷事物的時候，對方對我的看法非常重要。**帶領我自己的，永遠都是別人說的話。**

邂逅為我帶來更多的可能性

我現在經常會思考未來的事。

可是人就是一種善變的生物，尤其我的思考模式又是這樣。所以現階段我想要進建築學科，要是誰跟我講什麼很有趣，我有十二分的可能會改變心意。

不過我認為這並不是一件壞事。我的確在聽了別人的話之後，擅自改變心意。可是反過來想一想，聽到客觀理解自己的人的意見，自己才能改變。

在不了解對方的情況下，將對方的話照單全收，當然很危險。所以重點在於真心為我著想之後做出的建議。

對方是為了我著想才會提出這樣的意見，所以不要堅持，接受之後，也許可能性會比自己的思考還寬廣。

就算別人說我沒主見，只要把它當成我的個性，就沒什麼了。倒不如說，決定「隨波逐流」這件事本身就是一個決定。

熱情開關 47

慢慢戒掉

文科二類一年級 伊藤久留美

■高中⇩福岡縣公立高中
■錄取⇩應屆
■志願⇩空姐

勉強「戒掉韓劇」引發反彈效應

電視、漫畫、遊戲、手機……這個世界上充滿了許許多多妨礙我們專心的事物。如果能夠全部戒掉，把這些時間拿來唸書或工作，一定更有效率呢。

可是自己喜歡的事是沒辦法輕易戒掉的。倒不如說，戒掉之後將會累積壓力，焦慮不安。

到底該怎麼做，才能在沒有壓力的情況下遠離自己喜歡的事物，確保專注的時間呢？

我為了在不焦慮的情況下，戒掉我喜歡的東西，我「**慢慢戒掉**」。

「慢慢戒掉」正如其名，就是一點一點的，漸進式的戒掉喜歡的事物。慢慢戒掉這一招，讓我在應考時期，或是檢定考之前，戰勝最喜歡的電視和漫畫，專心唸書。

「再也不看韓劇了！」

高中三年級的春天，我發表了「韓劇畢業宣言」。因為我想把看連續劇的時間用來準備考試。

我超喜歡韓國。韓國的流行歌曲讓我迷上韓國，甚至每年去韓國旅行三次。泡菜、煎餅、泡菜鍋都是我的最愛，三餐都吃韓國菜也不會膩。我最迷的就是韓劇了。我會到影片出租店租韓劇，每天都看三個多小時。

可是喜歡韓劇卻影響了我準備大考。我很清楚「連續劇應該少看一點，該唸書了」，可是我總是看個不停。

雙親看我一直沒有一個應考生的樣子，也開始擔心起來，哭著對我說：「拜託妳，不要一直看連續劇，唸書吧。」我才下定決心「戒掉韓劇」。

可是我這次的戒韓劇根本撐不到一週。剛開始那幾天，我忍著不看連續劇，努力唸書。可是看連續劇是我唯一的紓壓方法，戒掉連續劇真的讓我感到很痛苦。我的壓力越來越大，終於爆發了。就像勉強減肥之後的反彈，我租了總長度超過十個小時的連續劇，連續看了三天三夜。

「慢慢戒掉」在零壓力的情況下確保專注的時間

「再這樣下去的話，我永遠都戒不掉連續劇……」

於是我想到「慢慢戒掉」的方法。

突然要我一口氣戒掉喜歡的東西，壓力太大了，讓我感到焦慮。於是我決定花三個月時間戒掉連續劇。

第一個月將每天連續劇的時間由三小時改為兩小時，下一個月改成一小時，慢慢減少看連續劇的時間。最後一個月則是三天看一次，每次只看一個小時。

慢慢減少花在喜歡的事物上的時間，讓我逐漸習慣沒有連續劇的生活，就算沒什麼看連續劇的時間，我也不會介意了。過了「慢慢戒掉」的期間後，我已經把韓劇拋到腦後，可以專心唸書了。

儘管如此，在唸書的空檔，我還是會很想看連續劇。在這種時候，如果一直忍耐的話，就沒辦法集中注意力了，於是我決定，如果週末可以唸二十小時的書，就看一個小時的連續劇犒賞自己。

勉強戒掉喜歡的事物對於精神方面不太好。可是成功的「慢慢戒掉」之後，反而會讓人積極的努力，「好不容易忍耐不看連續劇，把這段時間拿來認真唸書，絕對要考上東大。」上班族也常常說：「工作之後的啤酒特別好喝。」我覺得是同樣的道理。一想到**忍耐、忍耐、努力之後，自己最愛的事物正在等待自己**，自然就能專心唸書了。

熱情開關

48

不會勉強自己努力

農學部三年級 濱本瑛介

■高中⇩滋賀縣公立高中
■錄取⇩應屆
■志願⇩化學製造業

累的時候，我不會勉強自己努力。

聽起來可能像個懶惰鬼，其實這個方法讓我得到意料之外的成果。

一事無成的高二時期

高二的時候，不知道是怎麼回事，做什麼都覺得煩，有一段時間甚至連社團和課業都心不在焉。

儘管如此，我還是很焦急，「社團要好好加油」、「該唸書了」，勉強自己持續努力。可是不管我再怎麼努力，都是白費力氣，完全沒有結果，反而讓我喪失更多的熱情。完全陷入低潮期。

於是我心裡想「夠了，放棄吧」再也不去社團了，作業大概都是借同學的筆記本來抄。上課當然也是有一搭沒不搭的聽講。

有一天，也不知道怎麼了，朋友對我說：「不好意思，生物的遺傳那邊，我完全都不懂，可以教我嗎？」

竟然敢來找完全沒熱情的傢伙說這件事，這是我心裡的想法，當我拿著朋友帶來的參考書說明的時候，就連我自己也覺得不可思議，我竟然講解得非常流暢。

也許是我完全不緊張的關係吧。**我感到一股不可思議的感覺，過去勉強的那些事，全都好蠢啊。**

冷靜下來

在沒有目標的情況下努力，非常的耗費勞力。就像高二的我，心裡想著「一定要想辦法」不分青紅皂白的行動，大部分都沒有什麼好結果。

明明不知道終點在哪裡，還是先行上路，只會害你迷路，走到奇怪的地方。所以先什麼都不要做，給自己一段冷靜的時間。事實上，高二那段什麼都沒做的期間，我的精神比起卯起來努力的時候還要穩定呢。如果你覺得「不行了，現在好累。」不努力也沒關係哦。

等你知道自己已經冷靜下來了，不努力的時候才能展現自己原來的模樣。

「停止努力」也很有趣哦。

我暫時停止努力之後，我才發現「自己不努力也做得到」、「自己明明沒有努力，可是身邊的人認為『你好認真哦』。」就像我根本沒唸過生物的遺傳，還是可以照講不誤。

此外，我也發現「努力才能做到」、「不努力會惡化的事情」。事實上，在沒唸書的期間，我的古文成績真的慘不忍睹。

也許是說，在停止努力的期間，可以看到原本的能力呢。用RPG來比喻的話，就是把所有裝備都卸下來的狀態。

我認為這是**找到「適合自己的事」以及「自己喜歡的事」**的線索。

如果是RPG的話，就是決定職業呢，這個能力適合當戰士，或是適合當魔法師，還是適合當魔王呢？

決定大致的方向性之後，接下來只要朝向新的目標練等級就行了。你可以加強自己的優勢，或是補強自己的缺點。

大喊「努力很重要！」當然沒什麼不好，勉強自己，害自己累倒的話，就得不償失了。

如果你失去目標，偶爾什麼都不要做，隨自己的想法行動吧，我認為在這段期間裡重新檢討自己也很重要。目標將會在不知不覺中突然露臉哦。

再做五分鐘就好

藥學部三年級 石綿一成

■高中⇩東京都公立高中
■錄取⇩重考一年
■志願⇩高中老師

痛苦的時候「再做五分鐘」

「我已經撐不下去了。」

「好想睡，什麼都不能想了。」

唸書、工作、運動——明明想要努力，可是體力與精力已經到達極限，再也沒辦法做事了，什麼都不想做了，相信大家都會遇到這種時候吧。大家都怎麼做呢？

正常人幾乎都會想「今天已經無法專心了，下次再加油吧。」乾脆就去休息了。

可是我在這個時候會拿出計時器。然後將鬧鐘設定在五分鐘後，拚命的努力五分鐘。

這五分鐘的最後衝刺是「神奇的集中時間」。一想到只要再撐五分鐘，就能休息了，將會非常專注，專心一致的處理目前的作業。

「『挑戰極限』太天真了。必須『從極限中挑戰』。」

這是國中時一起上補習班的O同學對我說的話。**「再努力五分鐘的方法」**也是出於這句話。

當我感到「不行了……」的時候，都會想起O同學的話。不要向極限挑戰，而是從感到極限的時候，再努力一點，我再次體認到這件事的重要。

我跟O同學的補習班，每個月都會貼一張寫著標語的海報。像是「有志者事竟成」或是「放棄就輸了」，每個月都會將熱血的話印刷成海報。某一天，我到補習班之後，發現新的海報上寫著「挑戰極限」。我向坐在隔壁的O同學說：「標語又換新了耶。」於是他對我說只挑戰極限是不夠的。

O同學非常優秀，模擬考成績在補習班裡都是數一數二。他最擅長社會等等背誦的科目。連詳細的年號和人物名稱都記得一清二楚，我總是很崇拜他的背誦能力。有一次我問他背誦要怎麼樣才會變厲害，他回答我。

「背十個年號，當你覺得已經記不住的時候，就是要堅持的時候。告訴自己再背一個就去睡覺！如此一來，你就能比別人多背一個了。」

O同學的成績那麼好，都是因為「再背一個」、「再一下下」，不斷從極限中挑戰的結果。

多五分鐘的累積，讓成績進步

「從極限中挑戰」至今仍然是我人生的座右銘。

為了上東大，我唸書唸到很晚的時候，眼皮都快要黏在一起，撐不下去的瞬間，我都會按下計時器的開關，告訴自己：「現在才是關鍵時刻……！」只要再努力五分鐘，就能好好睡上一覺，自然會認真唸書。

明明知道只有五分鐘，可是我卻能非常專心，不知不覺間，就多唸了一個小時。

我用「再五分鐘」這一招，背了不少不拿手的英文單字。雖然五分鐘很短，每天持續之後，背的單字越來越多，原本不知道該怎麼加強英文，後來成績都進步了哦。不過就是五分鐘，就只有五分鐘。

「只有五分鐘的努力法」也可以應用到唸書以外的各種情況。

像是社團慢跑的時候，去吃到飽的時候（笑）每次覺得「好痛苦，不行了……」的時候，我就會告訴自己再五分鐘、再五分鐘，結果跑得更遠，吃得更多。我自己也很驚訝，沒想到自己還有這麼多的力量。

我們平常感到的**「極限」其實幾乎都不是真正的極限**。痛苦的時候，再努力一下子，就可以把自己帶向好的結果。

熱情開關 50

截止日前先放假

理科一類一年級 竹內晃一

■高中⇩千葉縣私立高中
■錄取⇩重考一年
■志願⇩大學教授

刻意把自己逼上絕境

我是一個很懶的人，作業都是等到要交的前一天才會動手。從國小開始，暑假作業都是最後一天才哭著寫，是那種典型的不到黃河心不死的小孩。不到最後關頭，絕對提不起熱情，於是我想，只要真的把自己逼上絕境就行了。

這個方法就是**「作業等到所需天數加一天前才認真動工」**。

我會看一下要交的作業，計算所需的天數，「只要從●天前開始做，就來得及。」每次做出判斷，我會事先計算自己一個小時的進度，算好之後，在那一天來臨為止，前一天都做自己喜歡的事。盡情的玩，或是耍懶。

到了之前決定好的日子的前一天開始正式上場。可是多出來一天我也不會做作業。這一天是用來好好休息的日子，也是把自己逼上絕境的日子。

我會休息到快要來不及的時候，睡醒之後，如果不開始做絕對來不及。這股危機感才能讓我乖乖坐在書桌前。因為偷懶我就死定了。

沒想到這一招非常有效。前一天睡得很飽，消除了之前縱情玩樂的疲勞，能在腦筋清醒的狀態下做作業。

因為睡得很飽，體能很好，真的可以拚到最後一刻。逼迫自己能讓我拿出「火災現場的爆發力」。

結語

採訪者的「熱情開關」也打開了

慶應義塾大學文學部　澤田直子

「東大生真的不一樣耶。」

在我採訪多名東大生的過程中，我真的深深的感受到一點。他們知道自己的熱情開關在哪裡。而且自己也很清楚如何控制自己的心。

本書是由大學生的出版團體——PICASO的成員們採訪一百位東大生並彙整成冊。PICASO的成員以東大生為首，以東京都內的各大學生為中心。平常負責學習參考書與實用書的企劃提案與撰稿活動。

我並不是東大生，而是以社團成員的身份協助著作---東大生岡田真波，協助採訪與撰稿相關作業。

在決定本書企劃之後，社團的成員都很不安。

「我知道東大生的腦筋很好。可是他們也不一定有什麼特別的方法吧……」在我們實際採訪之後，大家的不安都消失了。他們每個人都擁有跟自己的心靈與身體奮戰的獨門秘招。

為了完成本書，我們特別請教東大生，請他們提供開啟熱情開關的獨家秘技。再從幾百種技巧中，嚴選出現在可以立刻實踐，效果又好的招式。

在撰寫本書的原稿時，由於作業非常辛苦，我好幾次都想放棄，可是我試著實踐他們教的方法，於是保持了自己的鬥志。我可以保證「熱情開關的魔法」真的很有效。

最後，我要藉這個機會感謝製作本書時，協助我們的人員。接受長時間採訪的各位東大生們、協助撰稿的社團成員，耐心支持我們，等候龜速撰稿作業的責任編輯——高原秀樹先生，還有閱讀本書的各位，衷心感謝大家。

但願本書能夠幫上朝著目標努力的人。

PROFILE

岡田真波（Manami Okada)

目前就讀東京大學文學部。生於兵庫縣。國中時期就以東大為目標。高中一年級時，以關西地區代表的身份，參加「全國國高中生辯論大賽」的全國大會。高中二年級時，擔任學生會幹部。重考時期對心理學感興趣，開始思考東大錄取者與落榜者有什麼不同。進入東大之後，參加「PICASO~東大、早慶暢銷書出版會~」，開始針對東大錄取者的「心靈」進行採訪，將結果彙集成本書。

TITLE

東大生！大考贏家的魔法開關

STAFF

出版	三悅文化圖書事業有限公司
作者	岡田真波
譯者	侯詠馨
總編輯	郭湘齡
責任編輯	林修敏
文字編輯	黃雅琳　黃美玉
美術編輯	謝彥如
排版	曾兆珩
製版	明宏彩色照相製版股份有限公司
印刷	桂林彩色印刷股份有限公司 紘億彩色印刷有限公司
代理發行	瑞昇文化事業股份有限公司
地址	台北縣中和市景平路464巷2弄1-4號
電話	(02)2945-3191
傳真	(02)2945-3190
網址	www.rising-books.com.tw
e-Mail	resing@ms34.hinet.net
劃撥帳號	19598343
戶名	瑞昇文化事業股份有限公司
初版日期	2014年8月
定價	250元

國家圖書館出版品預行編目資料

東大生!大考贏家的魔法開關 / 岡田真波著；侯詠馨譯. -- 初版. -- 新北市：三悅文化圖書, 2014.07
208面；14.8x21公分

ISBN 978-986-5959-79-1(平裝)

1.自我實現 2.生活指導

177.2　　103010942